U0013901

不一樣的中國史 6

楊照 著

從世族到外族，華麗虛無的時代

魏晉南北朝

|序|

中國史是臺灣史的重要部分

歷史知識建立在兩項基本信念上，第一是相信人類的事物都是有來歷的，沒有什麼是天上掉下來或奇蹟所創造的；第二則是相信弄清楚事物的來歷很重要，大有助於我們分析理解現實，看清楚現實的種種糾結，進而對於未來變化能夠有所掌握，做出智慧、準確的決定。

歷史教育要有意義、有效果，必須回歸到這兩種信念來予以檢驗，看看是否能讓孩子體會、掌握歷史知識的作用。

不管當下現實的政治態度是什麼，站在歷史知識的立場上，沒有人能否認臺灣是有來歷的，不可能是開天闢地就存在，也不可能是什麼神力所創造的。因而歷史教育最根本該教的，就是「臺灣怎麼來的」。

要回答「臺灣怎麼來的」，必定預設了臺灣有其特殊性，和其他地方、其他國家不一樣，所以才需要從時間上溯源去找出之所以不一樣的理由。臺灣為什麼會有不一樣的文化？為什麼會有不一樣的社會？為什麼會有這樣的政治制度與政治狀態？為什麼會和其他國家產生不同的關係？……

所謂以臺灣為本位的歷史教育，就是認真地、好好地回答這幾個彼此交錯纏結的大問題。那麼歷史教育的內容好不好，也就可以明確地用是否能引導孩子思考、解答這些問題來評斷了。

過去將臺灣歷史放在中國歷史裡，作為中國歷史一部分的結構，從這個標準上看，有著明白而嚴重的缺失，那就是忽略了臺灣複雜的形成過程，特殊的地理位置使得臺灣從十七世紀就在東亞海域衝突爭奪中有了角色，中國之外的各種力量長期影響了臺灣。只從中國的角度，不看來自荷蘭、日本、美國等政治與文化作用，絕對不可能弄清楚臺灣的來歷。

但是，過去的錯誤不能用相反的方式來矯正。臺灣歷史不應該是中國歷史的一部分，然而中國歷史卻仍然是臺灣歷史非常重要的一部分。關鍵重點在調整如此的全體與部分關係，確認不該將臺灣史視為中國史的一部分，而該翻轉過來將中國史視為構成及解釋臺灣史的一部分。這樣調整之後，再來衡量中國史在如此新架構中該有的地位與分量。

不只是臺灣的社會與文化，從語言文字到親族組織原則到基本價值信念，和中國歷史有著太深、太緊密的連結；就連現實的政治與國際關係，去除了中國歷史變化因素，就無法理解了。硬是要降低中國歷史所占的比例分量，降低到一定程度，歷史就失去了解釋來歷和分析現實的基本作用了。

從歷史上必須被正視的事實是：中國文化的核心是歷史，保存歷史、重視歷史、訴諸歷史是中國最明顯、最特殊的文化性格。因而中國文化對臺灣產生過的影響作用，非得回到中國歷史上才能看得明白。

不理解中國史，拿掉了這部分，就不是完整的臺灣史。東亞史的多元結構無法提供關於臺灣來歷的根本說明，諸如：臺灣人所使用的語言文字、所信奉的宗教與遵行的儀式、內在的價值判斷優先順序、對於自我身分角色選擇認定的方式、意識深層模仿學習的角色模式……

歷史教育需要的是更符合臺灣特殊性的多元知識，但這多元仍需依照歷史事實分配比例，一味相信降低中國史比例就是對的，違背了歷史事實，也違背了歷史知識的根本標準。

目次 contents

第三講

佛教東來與中國思想大變遷

第四講 南朝的興衰沉浮

第五講 門第、僑姓與六朝經濟

第六講　樂府詩、五言詩、陶淵明的田園詩

第七講　重新評價六朝駢文

第十講

北魏的變革與瓦解

前言

「重新認識」中國歷史

1

錢穆（賓四）先生自學出身，沒有學歷，沒有師承，很長一段時間在小學教書，然而他認真閱讀並整理了古書中幾乎所有春秋、戰國的相關史料，寫成了《先秦諸子繫年》一書。之所以寫這樣一本考據大書，很重要的刺激來自於名譟一時的《古史辨》，錢穆認為以顧頡剛為首的這群學者，「疑古太過」，帶著先入為主的有色眼光看中國古代史料，處處尋覓偽造作假的痕跡，沒有平心靜氣、盡量客觀地做好查考比對文獻的基本工夫。工夫中的工夫，基本中的基本，是弄清楚這些被他們拿來「疑古辨偽」的材料究竟形成於什麼時代。他們不願做、不能做，以至於許多推論必定流於意氣、草率，於是錢穆便以一己之力從根做起，竟然將大部分史料精確排比到可以

「編年」的程度。

很明顯地，《先秦諸子繫年》的成就直接打擊《古史辨》的可信度。當時任職燕京大學，在中國學術界意氣風發、引領風騷的顧頡剛讀了《先秦諸子繫年》，立刻理解體會了錢穆的用意。他的反應是什麼？他立刻推薦錢穆到廣州中山大學教書，也邀請錢穆為《燕京學報》寫稿。中山大學錢穆沒有去，倒是替《燕京學報》寫了〈劉向歆父子年譜〉，錢穆自己說：「此文不啻特與頡剛諍議，頡剛不介意，既刊余文，又特推薦余在燕京任教。」

這是個「民國傳奇」。裡面牽涉到那個時代學者對於知識學問的熱情執著，也牽涉到那個時代學者的真誠風範，還牽涉到那個時代學院重視學識高於重視學歷的開放氣氛。沒有學歷的錢穆在那樣的環境中，單純靠學問折服了潛在的論敵，因而得以進入當時的最高學府任教。

這傳奇還有後續。錢穆後來從燕京大學轉往北京大學，「中國通史」是當時政府規定的大學歷史系必修課，北大歷史系慣常的做法，是讓系裡每個老師輪流排課，將自己所擅長的時代或領域，濃縮在幾堂課中教授，用這種方式來構成「中國通史」課程。換句話說，大家理所當然認為「中國通史」就是由古至今不同斷代的中國歷史接續起來，頂多再加上一些跨時代的專史。

可是被派去「中國通史」課堂負責秦漢一段歷史的錢穆，不同意這項做法。他公開地對學生表達了質疑：不知道前面的老師說了什麼，也不知道後面的老師要說什麼，每個老師來給學生片片斷斷的知識，怎麼可能讓學生獲得貫通的中國史理解？學生被錢穆的質疑說服了，也是那個時代的精神，學生認為既然不合理就該要求改，系裡也同意既然批評反對得有道理就該改。

怎麼改？那就將「中國通史」整合起來，上學期由錢穆教，下學期則由系裡的中古史大學者陳寅恪教。這樣很好吧？問了錢穆，錢穆卻說不好，而且明白表示，他希望自己一個人教，而且有把握可以自己一個人教！

這是何等狂傲的態度？本來只是個小學教員，靠顧頡剛提拔才破格進到北大歷史系任職的錢穆，竟然敢排擠數不清精通多少種語言、已是中古史權威的大學者陳寅恪，自己一人獨攬教「中國通史」的工作。他憑什麼？他有資格嗎？

至少那個年代的北大歷史系覺得錢穆有資格，就依從他的意思，讓他自己一個人教「中國通史」。錢穆累積了在北大教「中國通史」的經驗，後來抗戰中隨「西南聯大」避居昆明時，埋首寫出了經典史著《國史大綱》。

2

由《國史大綱》的內容及寫法回推，我們可以明白錢穆堅持一個人教「中國通史」，以及北大歷史系接受讓他教的理由。那不是他的狂傲，毋寧是他對於什麼是「通史」，提出了當時系裡其他人沒想到的深刻認識。

用原來的方式教的，是「簡化版中國史」，不是「中國通史」。「中國通史」的關鍵，當然是在「通」字，而這個「通」字顯然來自太史公司馬遷的「通古今之變」。司馬遷的《史記》包納了上下兩千年的時代，如此漫長的時間中發生過那麼多的事，對於一個史家最大的挑戰，不在如何蒐集兩千年留下來的種種資料，而在如何從龐大的資料中進行有意義的選擇，從中間選擇什麼，又放棄什麼。

關鍵在於「有意義」。只是將所有材料排比出來，呈現的勢必是偶然的混亂。許多發生過的事，不巧沒有留下記錄資料；留下記錄資料可供後世考索了解的，往往瑣碎零散。更重要的，這些偶然記錄下來的人與事，彼此間有什麼關聯呢？如果記錄是偶然的，人與人、事與事之間也沒有什麼關聯，那麼知道過去發生了什麼事要做什麼？

史家的根本職責就在有意識地進行選擇，並且排比、串聯所選擇的史料。最簡單、最基本的串聯是因果解釋，從過去發生的事情中去挖掘、去探索「因為／所以」：前面有了這樣的現象，以至於後來有了那樣的發展；前面做了這樣的決定，導致後來有了那樣的結果。排出「因為／所以」來，歷史就不再是一堆混亂的現象與事件，人們閱讀歷史也就能夠藉此理解時間變化的法則，學習自然或人事因果的規律。

「通古今之變」，也就是要從規模上將歷史的因果解釋放到最大。之所以需要像《史記》那樣從文明初始寫到當今現實，正因為這是人類經驗的最大值，也就提供了從過往經驗中尋索出意義與智慧的最大可能性。我們能從古往今來的漫長時間中，找出什麼樣的貫通原則或普遍主題呢？還是從消化漫長時間中的種種記錄，我們得以回答什麼只有放進歷史裡才能回答的關鍵大問題呢？

這是司馬遷最早提出的「通古今之變」理想，這應該也是錢穆先生堅持一個人從頭到尾教「中國通史」的根本精神價值來源。「通史」之「通」，在於建立起一個有意義的觀點，幫助學生、讀者從中國歷史中看出一些特殊的貫通變化。這是眾多可能觀點的其中一個，藉由歷史的敘述與分析能夠盡量表達清楚，因而也必然是「一家之言」。不一樣的人研究歷史會看到、凸顯不同的重點，提出不同的解釋。如果是因不同時代、不同主題就換不同人從不同觀點來講，那麼追求一貫「通古今之變」的理想與精神就無處著落了。

3

這也是我明顯自不量力一個人講述、寫作一部中國歷史的勇氣來源。我要說的，是我所見到的中國歷史，從接近無窮多的歷史材料中，有意識、有原則地選擇出其中的一部分，講述如何認識中國歷史的一個故事。我說的，只是眾多中國歷史可能說法中的一個，有我如此訴說、如此建立「通古今之變」因果模式的道理。

這道理一言以蔽之，是「重新認識」。意思是我自覺針對已經有過中國歷史一定認識的讀者，透過學校教育、普遍閱讀甚至大眾傳媒，有了對中國歷史的一些基本常識、一些刻板印象。

我試圖要做的，是邀請這樣的讀者來「重新認識」中國歷史，來檢驗一下你以為的中國歷史，和事實史料及史學研究所呈現的，中間有多大的差距。

也就是在選擇中國史敘述重點時，我會優先考慮那些史料或史學研究上相當扎實可信，卻和一般常識、刻板印象不相合甚至相違背的部分。這個立場所根據的，是過去百年來，「新史學」、西方史學諸方法被引進運用在研究中國歷史所累積的豐富成果。但很奇怪的，也很不幸的，這些精采、有趣、突破性的歷史知識與看法，卻遲遲沒有進入教育體系，沒有進入一般人的歷史常識中，以至於活在二十一世紀的大部分人對中國歷史的認識，竟然都還依循著一百多年前流通的傳統說法。「重新認識」的一個目的，就是用這些新發現、新研究成果，來修正、挑戰、取代傳統舊說法。

「重新認識」的另一個目的，是回到「為什麼學歷史」的態度問題上，提供不同的思考。學歷史到底在學什麼？是學一大堆人名、地名、年代，背誦下來在考試時答題用？這樣的歷史知識，一來根本隨時在網路上都能查得到，二來和我們的現實生活有什麼關聯？不然，是學用現代想法改編的古裝歷史故事、歷史戲劇嗎？這樣的歷史，固然有現實連結，方便我們投射感情入戲，然而對於我們了解過去、體會不同時代的特殊性，有什麼幫助呢？

在這套書中，我的一貫信念是，學歷史最重要的不是學 What——歷史上發生了什麼，而是更要探究 How and Why——去了解這些事是如何發生的、為什麼會發生。沒有 What 當然無從解釋 How and Why，歷史不可能離開事實敘述只存在理論；然而歷史也不可以、不應該只停留在事實敘述上。只敘述事實，不解釋如何與為什麼，無論將事實說得再怎麼生動，畢竟無助於我們從歷史而認識人的行為多樣性，以及個體或集體的行為邏輯。

藉由訴說漫長的中國歷史，藉由同時探究歷史中的如何與為什麼，我希望一方面能幫助讀者梳理、思考今日當下這個文明、這個社會是如何形成的；另一方面能讓讀者確切感受到中國文明內在的多元樣貌。在時間之流裡，中國絕對不是單一不變的一塊，中國人、中國社會、中國文明曾經有過太多不一樣的變化。這些歷史上曾經存在的種種變貌，總和加起來才是中國。在沒有如實認識中國歷史的豐富變化之前，讓我們先別將任何關於中國的看法或說法視為理所當然。

4

這是一套一邊說中國歷史，一邊解釋歷史知識如何可能的書。我的用心是希望讀者不要只是被動地接受這些訊息，當作是斬釘截鐵的事實；而是能夠在閱讀中主動地參與，去好奇、去思考：我們怎麼能知道過去發生了什麼，又如何去評斷該相信什麼、懷疑什麼？歷史知識的來歷常常和歷史本身同樣曲折複雜，甚至更加曲折複雜。

這套書一共分成十三冊，能夠成書最主要是有「敏隆講堂」和「趨勢講堂」，讓我能夠兩度完整地講授中國通史課程，每一次的課程都前後橫跨五個年頭。換句話說，從二〇〇七年第一講開講算起，花了超過十年時間。十年備課、授課的過程中，大部分時間用於消化各式各樣的論文、專書，也就是關於中國歷史的研究，並努力吸收這些研究的發現與論點，盡量有機地編組進我的歷史敘述與討論中。明白地說，我將自己的角色設定為一個勤勞、忠實、不輕信、不妥協的二手研究整合者，而不是進入原始一手材料提出獨特成果的人。也只有放棄自己的原創研究衝動，虛心地站在前輩及同輩學者的龐大學術基礎上，才有可能處理中國通史題材，也才能找出一點點「通」的心得。

將近兩百萬字的篇幅，涵蓋從新石器時代到辛亥革命的時間範圍，這樣一套書，一定不可避免地含夾了許多錯誤。我只能期望能夠將單純知識事實上的「硬傷」降到最低，至於論理與解釋帶有疑義的部分就當作是「拋磚引玉」，請專家讀者不吝提出指正意見，得以將中國歷史的認識推到更廣且更深的境界。

第一講

鳥瞰中國中古史

01 朝代史觀的三個問題

我們研究與理解中國歷史，是否需要一個叫做「中古史」的斷代單位？中國「中古史」的概念如何成立？加入了「中古」的眼光，我們能多看到、多注意到中國歷史演變中的現象或規律嗎？

中國傳統史學中最主要的斷代原則是「朝代」，每一次的改朝換代，就是一個不言而喻、理所當然的歷史單位。所以在學校裡學中國史，幾乎每個孩子都背過朝代表：夏、商、周、秦、漢、魏、晉、宋、齊、梁、陳、隋、唐、五代的梁唐晉漢周，到宋、元、明、清。

以朝代為單位認識中國歷史，會帶來一些嚴重的問題。最根本的問題在於，這些列出來的朝代彼此是不等值的。兩漢四百多年，是個疆域廣闊的大帝國，和享國只有三十多年、領土範圍甚至無法涵蓋整個江南的陳朝放在一起，當作同樣的「朝代」並列處理，怎麼看都不對勁吧？又如，商朝和明朝都被當作朝代看待，但二者從政治到社會到文化，在各方面性質上幾乎沒有任何相同之處。

另一個嚴重問題在於，這樣的朝代系譜凸顯的是前後相續的關係，也就忽略、甚至扭曲了同時性並存的其他關係。例如夏、商、周三種文化在不同地區發展，有過長時間的重疊，這樣的事實在朝代系譜中就完全被抹煞了。又例如，以南朝宋齊梁陳為系譜的主軸，就看不到北朝，即從北魏到北齊、北周，它們在歷史上的重要作用，尤其是和後來的隋、唐緊密關聯的部分。

還有第三個問題，朝代史觀傾向於將各個朝代看作一樣的，於是朝代更替的系譜後面也就必然存在著「循環史觀」。這種史觀將歷史的重點擺放在描述、解釋一個朝代如何興又如何亡，一個朝代接著一個朝代不斷地循環，如此就失去了對於整體歷史較大架構、較長時間變化的掌握與了解。

西方史學傳入中國，為我們提供了不太一樣的歷史視野，其中一項啟發是歷史知識建構的順序。一個人剛開始接觸歷史時，所需要的是對於上下幾千年的歷史有比較大塊的印象，然後隨著年齡的增長及知識的累積，再慢慢由大塊的理解，到中塊的、小塊的理解，再到各種細節。這是認識歷史的基本路徑。

這樣的理解方式，顯然比中國傳統的朝代史觀來得合理。以前在學校學中國史，小學時先從夏商周到宋元明清背一遍，知道每個朝代的兩三件事；中學時再從夏商周到宋元明清背一遍，多知道每個朝代三五件事；大學念「中國通史」，還是把夏商周到宋元明清背一遍，每個朝代再多知道十件事。這樣的方式對老師來說，很難掌握重點地教；對學生來說，也很難在死記硬背之外獲得了解，進一步對歷史產生興趣。

02 以大塊時段理解歷史的連續和斷裂現象

其實，傳統的朝代史觀也有其潛藏的塊狀分類。基本上「夏商周」是一塊，「秦漢」是一塊，「魏晉南北朝」是一塊，「隋唐」是一塊，「宋元明清」有時也被當作一大塊。這樣的分類隱含了這些塊狀歷史段落應該有其特殊性格，與其他塊不一樣。但不幸地，傳統史學並不強調去探討這些段落之間的異同和變化，讓每一個段落有其凸顯的個性，便於學生來認識、掌握。

相較之下，西洋史的架構就清楚明白多了。剛開始學習西洋史時，老師先將歷史分成四個段落：上古、中古、近代、現代，而且這四個段落有確切的歷史事件作為轉折點，各自內部又有很容易掌握的獨特性質。

西方上古時期從文明誕生一直到西羅馬帝國滅亡，包括古希臘羅馬時代，以及這個時代產生的古典文明。緊接著蠻族入侵，西羅馬帝國滅亡，以基督教會為至上權威的中古時期開始，產生了信仰高於一切的不同的社會組織與思想習慣。其後十字軍東征帶回的古典典籍，引爆了復古風潮，使得歷史進入了人文精神躍動的「文藝復興」時期，歐洲離開中古、進入近代。到一七八九年爆發法國大革命，現代思潮、現代文化興起，歐洲整體的歷史面貌又經歷了一次大變化。

具備這四大塊的認識，接著就能將大塊稍微分成中塊。上古史可以分成近東史、希臘史和羅馬史。中古史可以用克魯尼、聖本篤等教會改革運動分為前期和後期。近代史則有「文藝復興」、「清教徒革命」、「啟蒙運動」等時期。現代呢？則以第一次世界大戰為轉折點，分出積極樂觀的十九世紀和相對悲觀混亂的二十世紀。

然後，再將歷史從中塊切分為小塊來理解。例如，英國歷史學家霍布斯班（Eric Hobsbawn, 1917-2012）便將歐洲的十九世紀再細分為：從一七八九年到一八四八年的「革命年代」，一八四八年到一八七五年的「資本年代」，以及一八七五年到一九一四年的「帝國年代」。

用這種方式由簡而繁，可以有順序、有條理地建構起歷史知識，將理解和背誦結合起來，前面的理解、記憶成為後面的基礎，也就不需要將歷史中的人、事、時、地、物靠著硬背全都記下來，卻無法彼此連結、產生意義。

西洋史的借鑑讓我們認真考慮，如何在朝代之外重新劃分中國歷史，尤其是提供大塊的斷代架構。當然，在這過程中，我們不能遺忘中國歷史自身的獨特性，不能照搬西洋史的架構，將之強加在中國史之上，那樣就扭曲了原本的歷史脈絡。

依照中國歷史自身的演進與變化，我傾向於將中國文明發展的幾千年時間，先區分出五個大塊——上古、古代、中古、近世和現代，並藉由對這幾個大塊時段特殊面貌的描述，來幫助大家理解中國歷史的連續和斷裂現象。

03 中古史主題：帝國崩落和分裂個性

從文明起源到西元前一千年左右，這是一個多元因素互相衝擊的中國文化形成期。在這段漫長時間裡，中國文化不是從一個單一中心向外擴散的，恰恰相反，北從東北和內蒙古草原邊緣的紅山文化，南到長江中下游的石家河文化和河姆渡文化，星羅棋布地存在許多進入農業狀態的新石器文化，它們之間產生互動影響，進一步慢慢形成了幾個比較明確的中心。夏、商、周，分居華北地區中、東、西，是在這個過程中浮現出來最清楚、最有力的三個文明中心。

到西元前一千年左右，也就是周朝的建立及其封建武裝殖民的展開，帶來了一個全新的不同階段。由周人在西方的周原建立的這套文明秩序，有意識、有系統地傳播到廣大的區域。相較於上古時期，古代史的主軸是明確地由多元朝向一元變化。原來鬆散的共主制政治組織被周人嚴密的封建宗法制所取代，相應地產生了愈來愈相似的社會及文化面貌。

到了春秋戰國時期，原有的一元封建宗法動搖、瓦解了，一度朝向新的多元變化發展。不過到西元前三世紀，另外一股一元力量席捲了這整個區域，在原來的封建地區之上出現了秦帝國，那是一個比封建宗法體系更緊密、更嚴格的一元性組織。

從疆域國家到統一大帝國，秦只是中點站，在許多現實條件並不成熟的情況下，中國出現了領土面積龐大、集體性強烈的帝國組織。這樣的組織在漢代繼續試驗、發展，到漢武帝時到達另一個階段性高峰。在漢武帝手中完成的帝國系統維持了三百多年，到西元二二〇年左右，也就是漢朝正式滅亡時，帝國遭遇了決定性分崩瓦解的危機。

漢帝國的沒落、衰亡，意味著中國一元、一統的古代時期結束，取而代之的是在各分面都傾向於分裂的新時期。這段時期從西元第三世紀開始，大約維持了七百多年，一直到西元九七九年五代十國的北漢投降、宋朝統一，中古時期才正式結束。

這七百多年歷史的第一個主題是帝國的崩落。和古代時期相反，中古時期呈現出強烈的分裂個性，分裂是通例，統一是少數時間中的例外現象。帝國的消失，帶來的是長時間的戰亂，即使不是處於現實戰爭情況時，政治與社會仍然維持在高度軍事動員的狀態中。也就是說，這段時期的中國，在軍事與戰爭方面耗費了巨大的精神與資源。

隋、唐兩朝看似恢復了統一帝國，然而仔細看這段歷史就會發現，隋建立不久後便發生了隋末大亂，好不容易在亂中浮現出李唐王朝，但只有大約一百年的和平休息，到唐玄宗時爆發「安史之亂」，不只全國騷動戰亂，更引發了後續的藩鎮割據，實質上走回了原來魏晉南北朝時高度軍事動員的老路子。

這七百多年間，幾乎沒有真正的承平時期。統一不等於承平。三國結束、西晉統一，但這統一狀況立即被「八王之亂」所破壞。在司馬家內亂之際，西部和北部的游牧民族全面南下，西晉被迫南遷成為東晉，開始了南北對峙的長期分裂狀態。即便是號稱「盛世」的唐朝，早期不斷和突厥、吐蕃進行邊境戰爭，到了中期之後，中央朝廷控制力大減，地方自主地進行軍事統治，只維繫了表面的統一。

相較於之前的秦、漢，相較於後來的宋、明，這段時間內，大一統的帝國體制並沒有真正恢復正常運作。也就是說，這段時期夾在兩個以大一統帝國為常態的時代中間，因而可以合理地稱之為「中古」。

04 軍事動員體制和相較古代的退步

軍事動員與軍事體制是理解中古歷史的重要關鍵。近世之後，宋朝一度無法維持統一，將北方領土讓給遼和金，看似分裂狀態，不過仔細看就會明白，宋朝之所以分裂，正是因為始終沒有建立起有效的軍事動員體制。

為了對治中唐以後軍事掛帥、武人治國帶來的種種弊病，宋太祖趙匡胤訂定了「重文輕武」、「強幹弱枝」的主要策略，並且將之有效地貫徹。宋朝於是建立在高度非軍事化的根本價值觀念上。即便遭遇邊境外患，宋朝的反應基本都是盡量避免戰爭，也就是盡量避免軍事動員，寧可用外交上的低姿態來解決問題，有時甚至只是拖延問題。

也就是說，宋朝的分裂局面和中古時期的分裂，其肇因恰恰相反。中古時期的分裂來自整個社會高度緊張的軍事動員；宋朝的分裂卻是為了拒絕高度軍事動員，是為了堅持創造一個非軍事化社會所不得不付出的代價。

宋代的「屈辱」，來自朝廷根深柢固「不打仗」的策略選擇。負責打仗的武人地位很低，積極想打仗的武人更是必然招來不信任的眼光與對待。岳飛的悲劇性遭遇，不完全是秦檜或宋高宗造成的，毋寧是由宋朝的基本國家體制和價值判斷決定的。

從這個角度，我們能夠清楚地看出「中古」和「近世」的差異。從軍事動員上看，中古時期即便是在統一狀況下，都進行著分裂的準備；相對地，近世時期即便是分裂的，都還是肇因於對於統一、不打仗的預期和假定。

中古時期的另一項特色是，相較於古代，很多方面都是退步的。如果說進步、退步牽涉到主觀標準，也可以換個說法：古代許多明確的變化發展，到了中古時期都朝著相反的方向進行。

例如，古代社會中，人一步一步地從身分的拘束中鬆解出來，身分對人的限制基本上愈來愈小。但這個趨勢在中古產生了逆轉，人和身分愈來愈緊密關聯，人生中由身分來決定的部分愈來愈大，而且身分產生的束縛也很嚴格，沒有太多可以逃開的管道。

又如，古代歷史中所見的經濟生產成長趨勢，到了中古時期也明確地倒退了。先是動亂流離破壞了生產所需的穩定勞動環境，接下來長期的軍事動員又剝奪了大量的勞動力，迫使這些力量脫離經濟生產。

中古歷史開始於漢末大亂，從那以後一段時間，中國人口銳減。人口的減少有兩種情況，一種是實質上的消失，死去的人變多，相對生出來活下去的人變少。戰爭製造的就是這種實質的人口損失。另一種就是大量的遷徙，使得人口的存在無法反映在任何記錄中，事實上同時也就無法反映在經濟生產上。這些人和當時主要的經濟生產形式——農業——無法建立定著關係，無法長時間停留在土地上。所以，不論是從國家戶籍的角度或經濟生產貢獻的角度，都看不到這些人口；從這兩方面看，人口等於不存在。

死或逃，都直接影響農業生產。快速、猛烈下降的農業生產，又進一步使得中國這塊區域內能夠養活人口的條件惡化，支撐不了太多人口。如此惡性循環。

05 城郭消失了，代之以村莊

中古時期出現的惡化經濟條件，甚至改變了中國從上古以來長期建立的社會制度。

中國上古社會的一項重要特色是「城郭制」。從上古到古代，中國的地理空間密布著許多小型城郭，那是最主要的單位。幾百公尺長寬的小城，城外有田、有郭，這是早期中國社會的典型居住環境。人主要居住在城內，定時到城外靠近城的農田裡工作。農田由「郭」提供基本的保護，在「郭」之外，還有可供取得所需柴火、野味等資源的山林。聚落的最外圍，有以土牆、林木或壕溝構築的基本界線，用以將這個經濟、社會單位和其他單位區隔出來。

春秋時期，天下號稱有「萬國」，一個「國」其實就是一個這樣的「城郭」單位。本來一個「國」同時是在封建制度下一個獨立的政治體，但從春秋戰國時期開始，政治體的範圍不斷擴大，實力不斷膨脹，到後來整個中國屬於同一個巨碩的政治體，那就是帝國。城郭失去了政治上的獨立地位，但仍然保留了在社會組織及經濟發展方面的基本作用。

這樣的情況到中古時期就改變了。戰爭以及戰爭所帶來的人民流徙，使得城郭成為動亂中醒目的攻擊目標。城裡有現成的糧食積聚，只要將城打下來，就不只能活命，往往還能獲得豐厚的報酬。

城郭本來是為了共同防禦而形成的，然而到了此時，歷經長久而普遍的發展，加上整合進帝國體系中，城郭的聚落集中作用突出，相對地防衛功能卻不斷下降，許多都只是聊備一格。自我保護能力不足，卻又聚集了農業生產剩餘，這樣的城在戰亂中必然遭到反覆劫掠的災難。

於是在很短的時間內，原有的城郭紛紛被放棄了，取而代之的是「村落」。村落是極小、極靈活，卻也極無保障的小聚落，五戶、十戶人家，加上一點點可供種植的田地，就可以構成一個村落。

村落是城郭的對照。它沒有固定的自我保護機制，沒有正式的組織，也沒有長期的資源累積。村落有的而城郭沒有的就是機動性。村落在很短時間內就能構成小型、鬆散的合作體，一旦有事，立刻能夠分頭逃離，各奔東西。

這樣的村落，在戰亂中不會成為劫掠的焦點，若是遇到武力打劫，也可以「賊來我走，賊走我回」。盜賊來了，頂多就是這幾戶人家當季的收成損失了，盜賊無從集中力量打哪個村落，也不可能長久停留。這種組織形式比較能夠逃過武力的擾動破壞，幫助農民得到暫時的生存。

於是愈來愈多人從城郭中離開，相對地，各地小型村落如雨後春筍般冒出來，這是中古中國顯現出的很不一樣的地理面貌。在中古時期七百多年間，原先如此普遍分布的城郭消失了，代之以村莊，也重新定型中國的地理景觀，變成以村莊為主。

這項基本而重大的改變影響了中國人的歷史記憶。中古時期結束後，宋代以降，中國人逐漸遺忘了古代中國曾有過的城郭地景，誤以為從來都是這樣小型村莊散布，以為這就是中國人文地理自古以來的面貌。以至於後來的人讀古書，讀到古代史文獻，發現有「城」、有「郭」、有「國」、有「國人」、有「山林」……，就無法確切掌握其意義，無法重建那時候的地理圖像。

一直到現代，主要經由日本學者開始的重建，我們才跨過因「村莊制」所產生的偏見和誤解，能夠再次理解古代中國「城郭制」的實景。我的老師杜正勝教授在七〇年代出版《周代城邦》[1]，引用日本學者宮崎市定的說法，佐以極其扎實的原始史料證據，在當時都還是引來臺灣史學界的一片反對之聲。當時史學界普遍的看法是，「城邦」是古希臘的制度，怎麼能搬到中國的周代呢？

但過了三、四十年，我們不得不承認，必須將「城郭制」或「城邦」概念放回來，許多古史材料才讀得通。不理解城郭、城邦，《左傳》裡太多字句都沒有意義。更進一步，還原了城郭制的歷史事實，也刺激了史學家從文獻和考古發掘上追索城郭的來源，重新解釋夯土技術，進而發現了夯土築城技術和夏代之間可能有的聯繫。

為什麼必須費那麼大力氣，才能重新認識、接受歷史上的城郭制？主要原因正是城郭制在中古時期消失了，就連對城郭制的記憶都長期被埋沒在村莊制的現實底下，受到了忽略、遺忘。

06 貨幣與土地式微下，莊園隨世族而起

在中古時期，和村莊制並行發展的是「莊園」。莊園是由村莊聚落集結所產生的大型的、自

1 可參考杜正勝，《周代城邦》（臺北：聯經，一九七九年）。

給自足的經濟生產單位，由單一的領主或領主家族擁有。

中古以前的中國就有莊園，但當時被視為是皇帝、王侯的特權，只有他們能藉由政治權力控有那麼大片的土地，支配土地生產與莊園維護所需要的龐大人力。到了中古時期，隨著帝王權力下降，新興世家貴族權力上升，這些世族便以莊園作為自身的經濟基礎，保障自己擁有一個能夠自給自足的、廣大的土地生產系統。

在《不一樣的中國史》第五冊中提過，長期戰亂、中央朝廷瓦解，使得貨幣交易狀態大倒退。沒有貨幣、沒有活絡方便的交易，有權力又有財富的人，當然必須追求建立自給自足的系統，為自己提供所需的安全感。

由統一的政治權力發行、保障的貨幣消失了，更麻煩的是，連可以用來當作自然貨幣的少數貴重金屬，在這段時期中也嚴重缺貨。

像黃金這樣的貴重金屬，在中古時期極其稀有。黃金到哪裡去了？一個說法是：因為戰亂，因為貨幣系統瓦解，黃金的價值不斷提高，以至於握有黃金的人有強烈動機不願讓黃金脫手。基於預期漲價的心理，大家都不把黃金拿出來，能流通的黃金更少，價格自然更加昂貴。如此惡性循環，導致黃金幾乎從交易市場上消失。

另一個說法是：漢代開始通西域，在和西域的貿易關係上，中國長期是入超方。各種西域貨物進入中國，大家習慣將西域來的東西視為珍寶，於是就有許多貴重金屬，包括白銀和黃金，在交易中離開中國，流向西域。

貴重金屬不足，如果要發揮貨幣轉介及儲存價格的功能，就只能靠強有力的政府來提供保證，然而從漢末之後幾百年間，中國並不存在能發揮這種保障作用的政治強權。

貨幣消失了，中古時期的交易倒退回以物易物系統（barter system），在這種狀態下，建構自給自足的完整經濟生產體系，就變得非常迫切而重要了。

經濟生產上的倒退，也改變了中國的土地所有權形式。西漢和東漢的衰亡，都和土地兼併有著密切關係。私有土地買賣發達，經過長期兼併，土地所有權掌握在少數人手中，這是使得東漢社會內部緊張、引發人民流徙、終致王朝收拾不住的主因之一。

到了中古時期，戰亂及人民的普遍流徙，進一步取消了原來的土地私有制。土地上沒有固定居住、耕種的人了，盜匪或軍隊隨時來去，這時候誰還理會、誰還尊重這塊土地屬於誰的？沒有人耕種，土地就沒有穩定的生產價值；如果有一點生產所得，盜匪或軍隊一來，立即將這些積存搶劫一空。在這種條件下，擁有土地要做什麼？

很快地，過去以土地為主要財產形式的豪族世家都崩潰了，土地所有權與耕種生產狀況一團混亂。然後，才慢慢地在這基礎上建立起新的土地制度。

07 屯田和均田，從私有到國有的新土地關係

我們可以將「屯田」和「均田」視為這項新的土地制度的核心。在《不一樣的中國史》第五冊中提過，屯田制是曹操在漢末群雄並起時得以脫穎而出的一大祕訣。屯田制的實際運作很簡單，只是這樣的制度打破了原先帝國制度設計的限制。

過去帝國制度的設計是，軍事動員的力量來自徭役，所以徵召來當兵打仗的人，都先具備了農民的身分。他們是暫時被朝廷徵調來服役，暫時離開和土地之間的生產關係。後來朝廷的力役徵集體系失靈，出現全職的軍人，他們就徹底中斷了和土地間的生產關係。而要維持軍隊，必須找到足夠的生產剩餘來養活他們。

屯田制重新建立軍人和土地生產之間的關係，讓他們一邊種田一邊打仗。不打仗時就種田。屯田制底下的軍人，地位低於帝國時期的軍人，在某種意義上像是軍事化的農奴，只具備有限的人身自由。他們耕種的土地是以武力占領下來的，他們的耕種所得屬於帶領他們的官長，再由像曹操這樣的官長運用集體生產所得來養活這支軍隊。

曹操在屯田制上取得的成功，吸引了當時許多有野心的人跟進，後來基本上所有的豪強都建立了自己的屯田，產生了一種新土地制度的雛型。北方大亂、異族進入之後，他們也模仿既有的

方式進行屯田，其中模仿得最成功的，是由鮮卑拓跋氏建立的北魏政權。

後來由隋唐繼承的北魏均田制，其實和屯田制一脈相承。屯田的第一個特性是逆轉了古代社會原本的土地私有制，在形式上接近土地公有或土地「國」有。只不過這個「國」——實質握有土地權力的政府——有著各種變貌。例如曹操在雍州的領地便成為一個擁有土地的「國」。之所以能夠取消私有土地，將之變為「國」有，最重要的條件當然是戰亂造成百姓的全面流徙，地主、農民一併離開了土地，無法留在原有的土地上，於是土地成了無主之物，誰有兵力能夠攫奪，誰就能控有這些空出來的土地。

屯田的第二項特性是兵農合一，打仗的和種田的是同一群人，沒有分劃。而在土地國有和兵農合一這兩個原則上，顯然北魏的均田和曹魏的屯田是一致的，甚至均田是傳承自屯田的。

什麼是「均田」？均田建立在兩個核心概念上：一是「授田」，即國家控有土地，將土地分給人民，這叫做「授」；另一個概念則是「課」，國家將土地分給人民，人民就承擔必須償付的責任。也就是說，戰亂之後，既有的土地私有制維持不了，土地都變成公有、國有，人民沒有田，所以由國家將控有的土地交付給人民，讓人民得以耕種生產，但同時也就對接受田地的人民要求一定的責任報酬。

不同時代、不同政府有不一樣的「課」的內容。到了唐代完整制度化為「租庸調」，也就是接受土地的人民對政府要負三種不同責任：要交付部分的土地生產所得；要為政府服勞役，提供無償勞動力；還要提供家戶手工織造成品。

這是中古歷史的另一項突出變化，中國的土地關係徹底翻新，從私有制變為國有制，再藉由國家、政府的力量對百姓進行授田，也就是進行土地所有權的重新分配。

08 從古代到中古，人身平等的戲劇性變化

「均田」，顧名思義是依照固定、整齊的制度來施行田地劃分，不過在歷史現實中，土地分配絕對不可能那麼規則，更不可能如此普遍。均田制始於北魏，到了唐天寶年間就逐漸瓦解了。唐德宗之後，國家稅收方式改為「兩稅法」，也就意味著「租庸調」正式結束，均田制也從歷史舞臺上退場。

即便是均田制有效推行的時期，還是有很多「不應課戶」。「課」和「授」是相關聯的，「不應課戶」就表示是沒有接受國家授田、所以不須承擔相對責任的家戶。到了唐玄宗時，「不應課戶」的戶數超過了正常授田的課戶，由此可知，在現實中均田制的實施有其限度。

哪些人屬於「不應課戶」呢？第一種是不從事農業生產的人。例如到了唐代，城市環境與相關的貿易活動逐漸恢復，住在城市裡的、做生意的，他們和農業生產無關，也不曾接受授田，當

然是「不應課戶」。

第二種是隸屬於寺院的農戶。他們雖然務農，但耕種的土地不是直接從國家那裡得來的，他們的責任與義務是對寺院的，國家不能對他們徵課。還有第三種，是自身擁有土地，當然不需要國家授田的人，那就是擁有莊園、掌控莊園經濟的世家貴族，加上在莊園裡為他們工作生產的人。

中古歷史中，即使是均田制建立、運作的時期，莊園制經濟其實都還是並存並行的。國家沒有力量真正取消莊園，將莊園裡的人都納入國家體系中。換句話說，在土地制度上，主流是土地國有，但國家無法擺脫貴族莊園的干擾，徹底執行均田制。貴族之外，還有寺院土地也不屬於國家控管，朝廷的力量始終沒有大到可以凌駕於這些勢力之上，全面行使土地權力。

從人身平等的角度看，中古和古代之間有著戲劇性的變化。秦漢帝國裡，人愈來愈不受身分約束，意思是因為出身限制而必定不能做的事愈來愈少。從漢武帝朝開始，關於漢代社會常見的批評就是「身分躐等」，意思是人不按照自己的身分行事，做不符合自己身分該做的事，比如穿上更高品級之人才能穿的衣服，住房用了更高身分才能使用的風格或裝飾。

僭越身分的，首先是有錢人。他們擁有財富和土地，負擔得起奢華的衣服、房舍，就追求讓自己看起來比原有身分更高等的生活。有錢人帶頭示範，慢慢地大家都普遍拋棄固定的身分象徵與行為，表現得比原有身分更闊氣些，就成了流行風氣。

西漢時還將有錢人分為「豪左」、「豪右」，區分出 new money 和 old money，後者是合乎身分的有錢有勢人家，前者則是新興的暴發戶。到了東漢，這種分別也不見了，「豪左」這個名稱根本消失了，地方上有錢有勢的人家通通稱為「豪右」。

另外，商人原本屬於「賤籍」，身分地位低下，到這時不只出現很多管道讓商人用從商得來的財富得以轉型，進而對於商人身分的歧視也日益淡薄。

整體來說，古代的帝國明確地朝著人身身分解放的方向發展。但到了中古時產生大逆轉，變成一個身分階級森嚴的「階級社會」，也是有著牢不可破的身分界線的「貴族社會」。不只是社會風俗，甚至政治、法律上，都以身分階級區分為前提。

甚至到了唐代，皇室李家在貴族階級中並不處在最高等級，[2]因而一直不斷嘗試要以政治力量打破最上層貴族的壁壘。即使如此，《唐律》仍然是以身分區別作為依據制定的。《唐律》中將人的身分做了非常詳密的區分。例如，有不具備任何人身自由的奴隸；有只比奴隸高一點，雖然沒有人身自由，卻不是主人財產，擁有人格和農業勞動力的部曲；還有一種層級是要償付「衣食金」的，意思是由主人養大之後，必須為主人無薪工作，等到創造出足夠價值，能夠抵償十六歲前所花掉的衣食費用之後，才能變成一名自由人。

唐朝尚且如此，那就更不用說階級意識更為嚴格的魏晉南北朝了。那個時代在官場上還分「清官」、「濁官」。這裡的「清」、「濁」不是我們今天所認知的道德清廉和行為腐敗的差別。「清」、「濁」是由身分而來的區別，只有貴族才能當的官是「清官」，給身分地位較低之人當的官叫「濁官」。

「清官」地位高，受到尊重，卻不需要做什麼事。相對地，「濁官」的性質如果要翻譯成英文，精確的譯法或許是 officials in the mud，他們像是注定在泥巴裡打滾般，不受尊重，卻要負擔大部分的工作。他們不能抱怨，也絕對不可能靠著努力工作而有所成就，進而離開這低下的泥巴環境，變成「清官」。因為這個時代一切是以身分區別來安排的，幾乎沒有什麼破例的空間。

09 貴族對皇帝的高度箝制能力

在中古時期，即便是位於政治權力最高層的皇帝，其地位都和之前的古代或後來的近世大不相同。在階級區分森嚴的中古社會，皇帝並不是社會階級中擁有最強實力的。

舉個例子，南朝宋（西元四二〇年—四七九年）一共近六十年，有九位皇帝，平均每位皇帝在位時間不到七年。九位皇帝中有六人被殺或被廢，換句話說，只有三位是在正常狀況下離開皇

2　唐太宗時由高士廉等人初編的《貞觀氏族志》，將世家大族等級排序為崔、盧、鄭、王，李氏位列其後。

帝位子的。緊接在南朝宋之後的南朝齊（西元四七九年—五〇二年）也沒好到哪裡去，七位皇帝中有四人遭到弒廢，比例也超過一半。造成皇帝被弒廢的主要原因，不是宮廷鬥爭，而是貴族勢力的介入。

中古時期的皇帝通常是靠著武力取得大權，以他所掌握的武力在貴族中周旋，以維持他的權力地位。那就是作為帝王最主要的工作，拉攏這個、抵抗那個，但絕對不可能擺脫貴族而獨斷行使權力。挾著厚實的社會資源、經濟基礎，貴族不怕皇帝，反倒是皇帝要提防貴族。

南朝中在位最久的皇帝是梁武帝，在位四十八年（西元五〇二年—五四九年在位）。梁武帝如何能安坐帝位這麼久的時間？後世史書對梁武帝事蹟的記錄，強調他「佞佛」，也就是信佛教信到近乎走火入魔，幾度捨身入佛寺，還要臣子出錢把他贖回來。但如果理解中古時期皇帝和貴族的特殊關係，我們就能在史料中讀出潛藏的意義：梁武帝「佞佛」不是單純的個人信仰，更牽涉到複雜的政治權力運作。從現實權力面看，梁武帝其實是藉由和佛教、佛寺建立起緊密關係，一方面和貴族親近，表示自己也投入流行的佛教風潮中，另一方面也藉由壯大佛寺勢力、聯合佛寺勢力來制衡貴族。

從這個角度看，雖然「佞佛」後來導致梁武帝被圍攻餓死的結局，但在他去世之前，其實也就是靠著拉攏佛教的策略，才得以享有四十八年的帝位。

回頭看古代歷史，即使是漢初立了那麼多的「王」和「侯」，他們的影響和勢力從來不曾達到中古貴族的程度，何況這些王、侯又很快成為皇帝的眼中釘，逐漸遭到拔除。再往後看，到了宋代以降的近世，找出了非常有效的方式裁抑、廢除貴族與佛寺勢力，再度讓皇帝的地位與權力抬高，凌駕於一切權力之上。

從貴族的地位與權力，以及貴族對皇帝的高度箝制能力來看，中古時期絕對是獨特的。

10 異族血統、文化大舉進入中原的時代

中古時期開端於長期戰亂，這帶來了另一項特徵，就是原有的北方農耕民族防線全面潰散，導致大批的異族人口進入中原。

異族進入中原的起點，是南匈奴內附。東漢時匈奴分裂為南北兩部，南匈奴投靠漢朝，取得了曖昧、特殊的身分。他們不屬於漢朝的編戶齊民，但當漢朝和北匈奴發生衝突時，朝廷就優先徵發他們去打仗。也就是說，他們變成專業的傭兵，而所得報酬待遇則是能夠南遷，住進草原地區與農業地區的交界地帶。

漢人逐漸嘗到這種安排的好處，劃出一片地域養著一批異族傭兵，必要時就可以幫忙打仗。東漢末年，這樣的做法日益普遍，曹操、袁紹都用過類似的「外籍兵」。

後來所謂「五胡亂華」的「五胡」，是匈奴、鮮卑、氐、羌、羯，這幾個民族原先居住的地方其實是在草原邊緣，不算真正的游牧民族。在大舉入侵中原之前，他們往往早已和南方農業民族有所接觸。他們的人口規模不大，也就是並不具備像鼎盛時期的匈奴那樣強大的武力，他們得以入主中原，依恃的條件是中原本身的大混亂、大毀壞。

「五胡亂華」如何「亂」法？他們之所以「亂華」，之所以在中原地區造成如此大的影響，正是因為他們進入農業地帶之後就不回去了。可怕的「亂」就亂在，他們決定居留下來，到處流竄，而不是搶奪了農產、財物之後就回到北方草原去。誘發他們留下來的原因，除了中原防衛力量的衰微之外，必然還包括他們原本就對農業生活有了一定的經驗與理解，他們不是純粹的草原民族。

進入中原的異族主力是散居在大漠以南的民族，也就是來自匈奴分裂後、漢朝劃分給南匈奴的地帶上。南北匈奴分裂後，北匈奴的主力進一步向北、向西遷移，引發歐亞草原的大變化，他們離中國愈來愈遠。「五胡」之中的匈奴，顯然是南匈奴後裔，他們和漢人接觸，甚至部分漢化，其實已經有很長的歷史了。

匈奴、氐、羌、羯這幾個族，都來自中國周邊，而且部族的規模都不大，一旦南遷，就是舉族進入，他們原來靠近農業民族的根據地就空了下來，很快地便有其他部族看中這些地方並遷移過來，使得他們也很難再回去了，這也加強了他們居留在中原的動機。

鮮卑是個例外，在這幾族中人口最多，所以他們分成好幾批進入中原，前後建立了幾個不同的政權。更重要的，到了拓跋氏建立北魏時，他們還能將部分的實力保留在北方「六鎮」，固守根據地。但是定都平城的北魏，也必然遇到一個關鍵的問題：一個少數民族要如何在以漢人為主的中原地區自處？

北魏孝文帝做了重大的選擇，那就是降低自己的少數民族成分，盡量融入漢人，藉由漢人的協助，以統治廣大的華北地區。這是孝文帝推動漢化政策的一部分政治考量，也是他和北方世族互動後形成的一種同盟合作關係。

但漢化改革也讓北魏付出了相當的代價。從平城遷都洛陽，北魏政權愈來愈遠離北方草原，留在「六鎮」的族人也就產生愈來愈嚴重的相對被剝奪感，覺得自己淪為不受重視、甚至飽受歧視的次等公民，再加上北魏重心南遷之後，更北方的柔然不斷迫近鮮卑原來的根據地，多重壓力交相作用，爆發了「六鎮之亂」，造成北魏的實質滅亡，不久之後分裂為東魏、西魏，這兩個政權又很快轉變為北齊、北周。

東魏和西魏的領導人，一個是高歡，是胡化的漢人；一個是宇文泰，是漢化的胡人。從這兩人身上可以很清楚看出：到這個時候，中原地區的人口組成已經和古代秦漢帝國時大不相同了。我們在歷史上經常將「隋唐」和「秦漢」相提並論，然而認真追究，隋唐的建國者已經不是像秦漢立國者那樣的漢人了。不論從血緣或文化上看，楊家、李家的胡人性質都極為明顯。他們都來自「六鎮」之一的武川鎮，背景性質上比較接近高歡，也就是胡化的漢人。

這也部分說明了為什麼隋朝、唐朝宮廷內會發生從漢人文化角度看來如此驚世駭俗的事。例如，隋煬帝和父親的侍妾私通，唐高宗則娶了父親後宮裡的「才人」武則天。若是從鮮卑習俗來看，跟過父親的女人等於是父親財產的一部分，兒子本來就有權利接收。那是異族文化影響所產生的特殊中古現象，也正是我們為什麼有理由要將魏晉南北朝和隋唐放在一起，作為一個歷史斷代——中古——來理解，這是一個異族血統與異族文化大舉進入中原的時代。

異族的衝擊從漢末一直延續到五代，後唐的李克用、後晉的石敬瑭及後漢的劉知遠也都不是漢人。這段時期內，大批的外來成分持續進入中原。相較於近世時期，雖然近世中國也有契丹、女真、蒙古建立的外族政權，然而在異族文化上都沒有留下深遠的影響，就連統治中國約九十年的元朝，隨著蒙古人退回草原，也一併將他們的習俗與文化帶回了草原，沒有在中原留下太多深刻、長遠的影響。這和中古七百多年間異族成分不斷移入、不斷遷徙、不斷變化、不斷混和的歷史面貌大不相同。

11 微觀下的中古，負面黑暗的歐洲中古

中古時期有其巨觀下看到的普遍特色，不過，中古歷史當然不是同質的一大塊，必然也有其

微觀下的內部差異。

例如，中古史中一個非常重要的新興制度是「科舉」。要放在中古的貴族門第環境中，我們才能明確看出科舉制度創立的動機，那是朝廷設計用來和貴族門第搶奪人才、打破貴族對人才晉用管道高度壟斷的手段。

隋唐的皇帝太了解貴族把持權力的痛苦，便不斷努力找方法來削弱貴族的力量，科舉就是其中極其有效的一項舉措。透過科舉，隋唐時逐漸打破了貴族對朝廷人才的壟斷，逐漸降低了門第的影響力，於是也才開啟了近世社會得以打破階級藩籬、以科舉考試為最主要社會流動管道的新局面。

另外，儘管唐朝後期因為藩鎮割據又出現了新的分裂，不過在國家財政上基本維持統一，而維繫國家財政的關鍵因素就是「大運河」。從隋代開始興建、維護的運河系統，將南方的資源有效地朝北方運送。北方的政治、軍事權力運作不得不依靠由運河輸送上來的南方資源，使得各地割據的強藩，在這樣的總資源運用系統面前，不得不向朝廷低頭，維持名義上服從朝廷的姿態，因為任何單一的地方勢力都不可能掌控運河運輸。

也就是說，這是從相反方向來看中古歷史的意義——和後面近世歷史之間的連結，或者說，為近世的變化鋪設了條件。近世中國的重新統一，建立起強幹弱枝的新中央集權政府，當然不是天上掉下來的，有其溯源自中古的來歷。

還需提醒說明的是，「中古」這個詞來自西洋史。歐洲歷史上的「中古」是在文藝復興時代命名的。透過十字軍東征，歐洲人從阿拉伯人那裡重新取回了古希臘羅馬的古典歷史文獻，大受感動，引發了崇古、復古的熱潮，批判既有的教會控制系統，嚮往「新生」（「文藝復興」的英文Renaissance，本意就是「新生」），或者說，藉復古而得到新生。於是，那個時代產生了一種特殊的歷史看法，將西羅馬帝國滅亡後的那一長段時期視為橫隔在「現在」與「古典」之間的「中古」（Medieval）。

Medieval的本意就是「在中間的時刻」，如果要更精確地掌握當時人理解這個概念的心情，不妨將之譯為「第三者歷史」，也就是把應該連在一起的兩段時間硬生生地隔開了，是個像第三者，或至少像電燈泡般的角色。

文藝復興時代的人講到「中古」，基本的心情就是「如果沒有這一段斷裂，古典文化一直延續下來，該有多好！」可以想見在這種心情下，人們對於中古的印象和感受都是負面的。後來有人索性就將這一段中古歷史命名為「黑暗時代」，像是夾在古典黃昏與文藝復興黎明之間的漫漫長夜。

從「黑暗」中甦醒過來的時代，強調、重視人的價值，在教會的權威之外，重新建立了傳承自希臘羅馬「古典」的人文主義傳統。另外，強調要擺脫教會在思想上的牢籠宰制，追求自由，或者說，追求信仰以外真正的思想。

12 中古中國，高度發達的貴族社會

將「中古」這個名稱挪用過來看待中國歷史，因而需要小心、自覺地看清楚中國的中古和西方的中古在概念與模式上的異同。

中國的中古也有其「中間性」，介於古代的統一大帝國和近世的統一大帝國之間。中國的中古也有其黑暗或退步的成分，主要特色在於分裂、戰爭、動亂、長期的軍事動員，還有經濟生產與商業貿易的大幅衰退，人身自由也大幅被身分所約束限縮，以及財富與權力分配的高度不平等，在在顯現出其負面的性質。

不過，我們可不能想當然耳地將中國的中古當作「黑暗時代」。相較之下最清楚的，也可能因為太清楚反而常常會被忽略的，就是中國的中古時期沒有基督教、沒有羅馬教會這種在歐洲的巨大權威。中國的中古時期有佛教寺院，但一來寺院與世家貴族關係密切，再者寺院是龐大的經濟體，是中古時期經濟結構中重要的一環。中國的佛寺並沒有像歐洲的基督教會那麼全面的社會影響力，也和大部分人的生活沒有那麼密切的關係。

中古中國是個高度發達的貴族社會，具備所有貴族社會的共同特徵，那就是財富高度集中。不管生產如何衰退，因為集中所造成的效果，隨時都還是有一小群富人，他們擁有許多可以支配的盈餘，也必然會將財富花費在享受上。

而且貴族社會必然要有可以彰顯貴族身分、拉開貴族與一般人距離的方式。生活上外顯的異質與奢侈，必定是首選的炫耀手段。歐洲的中古時期，教會擁有很大的力量，抑制了貴族在生活異質化的奢侈炫耀，以至於其實教會本身才是最嚴重的腐化者，但教會必須隨時擺出服侍上帝的姿態，也不能公然炫耀奢侈。

相較之下，中國的中古時期一般人民的生活很艱困、很黑暗，因為有貴族壓在他們頭上，不過正因為如此而產生了華麗、炫耀的貴族文化。從生成的原因上看，這樣的貴族文化很邪惡；但從結果上看，卻又不得不承認這樣的文化有其珍貴美好之處。

這也就考驗著我們看待歷史的方式，不得不面對這兩種態度的根本差異。而且，我們並不是第一次在理解中國歷史上遭遇這樣的問題。商代驚人的青銅器鑄造技術與成就，就建立在相對貧弱的生產力之上。只有從社會組織與生產分配的角度，才能解釋為什麼相對落後的生產系統竟然能支撐如此輝煌的工藝文明。它憑藉的就是集中制，也就是少數人享受多數人的生產所得，多數人的生產遭到剝奪，集中供應給少數人運用。

我們一方面要珍惜、欣賞這些美好的文明成就，不應該因為其產生的社會組織不公平、不理想而抹煞其價值。但同時，我們也不應該只專注於推崇這些藝術文物的成就，而忽略了其產生的條件，將那些高度不平等的經濟、社會因素置之不理。

第二講

《人物志》與《世說新語》

01 才性同、才性異、才性合、才性離

曹魏時代，劉劭寫了一本《人物志》，這本書在中國典籍中不是那麼常被提起，也不是那麼受重視，然而在了解魏晉的特殊社會文化精神方面，這本書可以提供我們無可取代的幫助。

光看書名，會以為這是一本寫了很多「人物」故事的書，但事實上，劉劭寫的不是任何具體的人，包括個人或眾人，而是一部「人論」，或說「人物論」。這本書很有系統地介紹、討論我們該如何認識人，又該如何評斷人。

我們很清楚會出現《人物志》的背景和淵源，那就是從東漢開始的品評人物活動。最早來自「清議」，那是一套議論、批評權力者的說詞，同時創造了品評者的自我團體認同。藉由批評「他們」，也就建立了「我們」的特色；「我們」在做人做事上和「他們」明顯不同，有著不一樣甚至相反的品格標準，他們是「濁」的，我們就是「清」的。

從這樣自我中心的群體分野開始，對於評斷人的高下標準持續發展，而出現了《人物志》。《人物志》從這個脈絡中脫化出來，但又不完全一樣，有其特殊的突破之處。首先，《人物志》不只評斷人才，不只問什麼樣的人是人才，什麼樣的人應該被賦予較大的責任與最高的職位；《人物志》處理的是更普遍的人的個性與能力問題。也因此，《人物志》不是採取單一的標準，

找同一把尺衡量所有的人，量出誰比較高、誰比較低，而是致力於建立分類，以多元的眼光看待人，人有多少不同的個性與能力，又各自有怎樣的優點和缺點。

再者，《人物志》更依託特殊的基礎來建立人物評斷標準，那就是「才性」。才性觀念的形成，促使原來的「清議」轉型為魏晉的「清談」。

才性的基本觀念很簡單。「才」指的是一個人所擁有的能力，可以外顯、可以運用、可以憑藉它來建立事功。「性」則是天性、天賦，或者說是人內在的性質、內在的潛力。「才性觀」或「才性論」討論「才」與「性」之間的關係。從曹魏到兩晉，才性關係基本上有四種不同的主張。第一種是「才性同」，認為「才」與「性」是同一回事，人的能力都來自天性；換個方向看，也就能夠從一個人在外面顯現的能力效果，回推得知他所擁有的天賦如何。這是最簡單的關係，然而有難以說服的地方：如果「才」等於「性」，那為何會有「懷才不遇」？在形成與發揮能力上，外在的環境條件真的都不會有影響，都不是變數？

於是出現了第二種主張，認為「才性異」，即「才」和「性」指的是兩種完全不同的概念、是兩種不同的東西。「性」是先天的、內在的、固定的，「才」卻受到後天的種種影響形塑，還要看會遇到怎樣的機會才能表現出來。所以不能從一個人的「才」來判斷他所具備的「性」。同樣地，一個人的「性」也不必然就決定了他的「才」，所以無法由一個人的「性」來推斷他會擁有怎樣的「才」，能在外在世界中如何表現和成就「才」。

從「才性異」而有了進一步關於「才」、「性」關係的討論，又出現了兩種不同的主張。一種是「才性合」，認為一個人會有什麼「才」，雖然受到後天影響，然而先天的「性」畢竟是基礎，必須有那樣的「性」，才有可能發展出相應的「才」。換句話說，人固然會有後天沒能發展的天賦，但一個人能發揮出來的能力，都在原來的天賦條件範圍之內，不可能超出這個範圍。

相反的主張則是「才性離」，意味著人會有不在天性之內的才能，是從後天的遭遇、鍛鍊中發展出來的。天賦固然重要，卻不是決定性的，我們不能由一個人的天賦來判斷他人生中所有可能具備的才能。換句話說，我們也不能從一個人的才能表現理所當然推斷他獲得的天賦。「才」是「才」，「性」是「性」，必須分別看待、各自討論。

於是，光是「才」與「性」的關係就能挑激起熱鬧的討論、甚至激烈的辯論。而且談「才」與「性」，也就是談人，牽涉到對於人的種種觀察，又必然會觸及現實中具體的人與事，那就更有吸引力、號召力了。

02 天賦之不平，「中和」最珍貴

劉劭的《人物志》就是建立在二元的「才性觀」上，不過這本書寫作的時間較早，還沒有進入「異」、「同」、「離」、「合」的立場爭議。《人物志》的立論前提是「天賦之不平」，上天是不公平的，從「性」來看，每個人的天賦都不一樣，所以要討論「人」，就先要從「人」在天性上如何不同談起。

《人物志．九徵》開頭便說：「凡有血氣者，莫不含元一以為質，稟陰陽以立性，體五行而著形。」這是沿用漢代流行的陰陽五行概念來解釋人的來源。人的本質源自一個超越的、渾沌的、終極的原理或力量，然後劃分為陰陽兩端，藉由陰陽的配合而有了每個人抽象的「性」，再藉著金、木、水、火、土五行元素，造出了具體有形的人。

接著，劉劭說：

> 凡人之質量，中和最貴矣。中和之質，必平淡無味；故能調成五材，變化應節。是故，觀人察質，必先察其平淡，而後求其聰明。

意思是，人的素質最理想的是「中和」，也就是有平衡的分布，什麼都有一點，卻也都不特別多，各種素質平均分配。這樣「中和」的理想之人卻很平淡，身上沒有任何突出之處，甚至沒有可以讓人清楚辨識的特質。這種人身上金、木、水、火、土都有，而且都一樣多，因此最善於適應各種不同的環境，不管發生怎樣的變化，他們都有辦法應付。

因而在觀察人時，要把握一個和常識相反的原則：先看一個人的「平淡」之處，不那麼特別的地方，也就是各種素質平衡分布的狀況；然後再看他如何耳聰目明，也就是看他在哪方面格外突出。

在理想上，最好大家都是「中和之人」，這樣就能構成一個完美的社會，但事實並非如此。因而從現實上考量，我們應該以「中和」為基準，然後去觀察人不「中和」、無法「中和」的部分。

劉劭在這裡設定了《人物志》的一個基本問題：人如何偏離「中和」？偏離「中和」的理由與方向，決定了一個人的特質。不同的偏離方向會帶來不一樣的結果，塑造出不一樣的人。

劉劭繼續說：

聰明者，陰陽之精。陰陽清和，則中睿外明；聖人淳耀，能兼二美。知微知章，自非聖人，莫能兩遂。故明白之士，達動之機，而暗於玄機；玄慮之人，識靜之原，而困於速捷。猶火日外照，不能內見；金水內映，不能外光。二者之義，蓋陰陽之別也。

我們感官的能力來自於陰陽。如果陰陽之間獲致完美的平衡，那麼一個人會既有內在的敏銳，又有外在的光耀。這樣的人是「聖人」，是現實中少見、難見的極少數。大部分的人當然都不是聖人，也就是都在陰陽分配上有所偏差。如果陽盛於陰，那就形成了「明白之士」，他們是外向的，反應快速、具備行動力，相對地卻無法安安靜靜進行比較深刻的思考。

若是陰盛於陽，就成了「玄慮之人」，他們內向、穩重，能夠掌握「靜」的原理，不過相對地也就快不起來，要做事情時瞻前顧後、動作遲緩。

03 要了解人，先了解「偏材」

陰陽會帶來不平衡，五行也會，於是就產生了各種因素不齊全、不平均造成的「偏至」。人身上重要的元素一旦有所偏至，就構成了各種不一樣的人。

五行、五物在人的身上有相應之處：金對應的是筋絡，木對應的是骨頭，水對應的是血液，火對應的是氣，土對應的是肌肉。每一種材質的「偏至」，導致相應的部位過度發達，從而塑造了這個人特別的個性。

金的偏至，筋絡發達的人在個性上表現為強健、勇敢，能夠「成其義」，堅持做對的事。木的偏至，個性上能「弘毅」，人才效果上則能「成其仁」。水的偏至，則使人格外敏感，對細微的事物都有所精通，於是能夠「成其智」。火的偏至，代表氣盛，整個人充滿「文理」，重視行為和外表，所以有助於「成其禮」。土的偏至，則是固執、堅貞穩定，能夠「成其信」，不會隨便改變、失信。

不只絕大部分的人都有偏至，而且不同的偏至會帶來不同的結果，於是人就變得不同了。有意思之處在於，《人物志》要探討的不是人的普遍性，甚至不是人的理想性，而是現實中「一樣米養百樣人」的多元狀況。人的普遍性在這本書中被當作不必討論的前提，從來源上就解決了，每個人都有著共同的來源——「含元一以為質」。從這裡往下，我們要關心、要解釋的是：人人都有同樣、普遍的來源，為什麼不是創造出一樣的人？人與人之間在哪裡、為什麼變得彼此不一樣了？

《人物志》在意的是差異、是區分。書中所做的是找出許多方法來觀察人，將人的差別進行分類，告訴我們有哪些不同的人，進而討論該用什麼態度、什麼方法來運用和處理人的多樣性。

最重要的，我們應該了解構成「人」的成分。人由複雜的成分聚合組成，其中一種成分多了，就是「偏至」，也就形成了「偏材」。我們存在的世界，我們周遭的環境，其實就是由各式各樣、多彩多姿的偏材所構成的。因而要了解人，當然要了解偏材之所由來，以及偏材的所長和所短。

不同的「偏至」、「偏材」不只影響人的內在，也反映在人的外在儀表上。「著乎形容，見乎聲色」，意味著你的內在材質之所偏，決定了你長什麼模樣，又會有怎樣的聲音。這樣的觀察和歸納，部分源自漢代流行的「相人術」，其源遠流長，一直到今天的相命術，都還是以這套觀念為基礎。

劉劭所建立的這套「人論」，深入中國社會，後來在中國傳統中一直沿用下來。例如，我們相信不只是我們的外表、動作反映了我們的偏材，就連我們創造出來的東西，也和我們是怎樣的人、屬於怎樣的偏材緊密相連。

所以說「文如其人」，什麼樣的人寫出什麼樣的文章，從文章中也可以回推寫文章之人的個性。中國傳統「人論」中，不將文章當作純粹由學習而來的身外之物，也不相信不同的人可以寫出同樣的文章，或是同一個人可以隱藏個性寫出不同的文章。

還有「聲如其人」、「字如其人」，從一個人的聲音，也就是他講話的方式，是清是濁、是高亢是低抑，就能聽出他的個性。一個人寫的字也是如此，有怎樣材質的人會寫出怎樣風格的字，都有清楚而明確的對應。

這套「人論」有一個根深柢固的觀念：人是整全的個體，各部分環環相扣、彼此呼應，無法切割來看，最終都和構成個人的根本材質相關。《人物志》便以這樣統合性的「偏至」或「偏材」來認識人，並品評人物。

04 品鑑人物不在高下，而在分類

《人物志．九徵》將人的多元構成更進一步複雜分化，提出了九種不同的元素：神、精、筋、骨、氣、色、儀、容、言。同樣地，除了聖人之外，大部分的人都不可能得到充分平衡的「九徵」，而必有所「偏至」，一個人在哪方面分配、分布得多一點，他就變成了怎樣的人。

例如，「神」的多寡傾向，決定了一個人會比較平和，還是比較彆扭古怪。「精」的多寡，決定了一個人的個性會比較光明外向，還是比較陰晦內向。「筋」的多寡，則決定了這個人是勇敢還是膽小。「骨」的多寡，決定了這個人是強悍還是退卻懦弱。「氣」的多寡，決定了這個人是躁動不安的，還是沉著穩定的。「色」的多寡，決定了這個人是深沉不快樂，還是和悅歡愉。「儀」的多寡，決定了這個人在外表上是比較正常，還是透著怪異。還有「容」，決定了一個人以怎樣的方式來行動。最後是「言」，決定了一個人的說話方式與風格，連帶決定了這個人是「慢郎中」還是「急驚風」。

《人物志》各篇的內容主軸，就是以不同的標準反覆地進行「人」的分類，讓各種不同的分類概念彼此交雜、交錯。如此創造出關於人的複雜認知，也就是承認、肯定人的多樣性，能夠近乎無窮的多元劃分。《人物志》的特色，就在於不以一元、普遍的立場探索人，不是要追求人在表面多樣性背後的統合一致，而是相反地，對於人的多樣性充滿了好奇與關注，要找出方法理解並凸顯人的多樣性。

「品鑑」是一套觀察人、了解人，進而評判人的方法。品鑑人物的活動早於《人物志》，這種評比人物高下的習慣，也影響了《人物志》。對於高下評比，劉劭設定了三個等級，分別是「偏材」、「兼材」和「兼德」，這是和他的多元材質觀念相配合的。

「兼德」最簡單，就是聖人，也就是什麼材質都平衡具備。其他人都是「偏材」，不過劉劭又將偏材的「偏」法分成兩種。一種叫「無恆」，這是最糟糕的狀況。無恆之人的材質偏差是有矛盾的，例如在陰陽的偏差上偏於「陰」，卻在另一方面偏向「血」或「氣」，於是他有時會因為朝「陰」偏斜而顯得安靜、玄慮，有時卻又因為偏向「氣」而變得暴躁、易怒。不同的偏法，讓這類人缺乏個性上的一致性，所以叫「無恆」。

無恆之外有「亂德」，亂德比無恆好些，也就是一個人各方面的偏差基本朝同一個方向。這樣的人會有某一種個性成分過度發展，另外一些卻嚴重不足。如此當然也受到很大的限制，但還是比無恆好些。

另外還有「兼材」，意思是各種不同偏材的組合方式給予一個人特殊的能力，這類人也就不單純是負面的「偏」，而是正面意義上的「兼」。「兼」得少一點的，比如在五德（木之德、金之德、水之德、土之德、火之德）中有兩個突出的，是「小雅」；若「兼」到三個乃至四個，那就升等為「大雅」，距離五德平均兼備的「聖人」也就不遠了。

劉劭都是從「偏材」的原則來看人，因而他對人物所進行的品鑑，也就和過去的方式不一樣。劉劭真正在意、用心的，顯然不在高下，而在分類。觀察一個人的重點不在排列他的高下順序，比較這個人和那個人誰更傑出，而是看出兩人之間的差異，並且找到適切的分類來衡量、描述其特性。要以分類給予人對的定位，這是劉劭的主張。

05 以品味的態度看待人的多彩多姿

關於後天因素與「偏材」的關係，《人物志．體別》中說：

夫學所以成材也，恕所以推情也；偏材之性，不可移轉矣。雖教之以學，材成而隨之以失；雖訓之以恕，推情各從其心。信者逆信，詐者逆詐；故學不道，恕不周物，此偏材之益失也。

劉劭主張先天偏材的決定性地位，甚至不是後天的努力可以改變的。後天對人的改變有兩種力量：一種是知識上的「學」，把本來你身上沒有的「材」灌注進來；另一種是心理上的「恕」，幫助你了解別人的想法與感受。但不論是「學」還是「恕」，能發揮的作用都有限。

用教的方法，把原來缺乏的「材」教給他，就算他成功學會了，沒有多久又會丟掉。用訓練的方法，讓他體會別人不同「材」的性質，他的出發點卻還是自己，想來想去又繞回自我中心的看法，仍然依照自己的偏材帶來的性情選擇要相信什麼、不相信什麼。

換句話說，不論是「學」還是「恕」，這兩種主要的後天影響力量，都無法真正改變一個人在天性上的偏材，偏材會讓人抗拒外在的教導與訓練。

偏材如此根本，又難以改變，因而《人物志》雖然在表面上張揚、表彰「中和之人」，但骨子裡顯然並不相信偏材之人有機會變為「中和」。因而重要的就不會是討論如何救治偏材使之不「偏」；真正重要的，反而是如何辨識、甚至欣賞偏材。

偏材創造出各式各樣的人，於是品鑑人物一事在《人物志》書中取得了新的意義，不再是比論高下的態度，毋寧是改以品味、欣賞的態度看待人多彩多姿的樣貌。

宋儒有「大賢以上，更不論才」的說法，即真正了不起、接近完美的人，反而不適合從「才」的角度來欣賞。要品鑑一個人，看的必須是他的偏材，而聖賢被高高抬起，如此崇高、如此完美，也就不是品鑑人物所要關心的了。

《人物志》中鋪陳了許多辨識與欣賞偏材的方式，這是過去不曾被凸顯的。例如後世習慣用「英雄」形容與描述一個人，在《人物志》中就得到充分的討論。「英」指的是聰明洞識的能力，「雄」指的是有膽氣、有野心，兩者本來是不一樣的性質。但在評論漢朝開國人物時，《人物志》有意識地將這兩個字合併在一起討論。

劉劭的說法是，論「英雄」，劉邦勝於項羽。因為從「雄」的角度看，劉邦和項羽兩人一樣多；但換從「英」的角度看，劉邦要比項羽來得聰明，能夠敏銳地掌握局勢。

「英」和「雄」本來是兩種偏材，但將「英雄」結合在一起，又成了另一種偏材，擁有這種偏材的人將自己的性質充分發揮，就有了特殊、迷人之處，值得大家欣賞、討論。

《人物志》沒有要教人做聖人，相反地，書中其實對聖人沒有太大的興趣。有缺點、不完美、不那麼平衡兼備才性的人，才值得我們認真看待。而劉劭的長處，就在於反覆尋找各種分析性架構，對於如何分別、分類「人」有著高度的興趣。

06 與偏材呼應的「理」型人

從「人」的分類甚至影響到「理」。人少有能兼備各種才性的，於是投射在各種「理」上。「理」也不是統合兼備的，應該用分類、分析的方式來看待「理」。

呼應偏材，《人物志》中主張「理」也有四種。一種是「道理」，即比較深奧、根本的「理」，有些人擅長這種「理」，就習慣於進行抽象思考、抽象推論。另一種是「事理」，這是具體在人事上斡旋、協商的規律規則，擅長「事理」的人可以扮演領導者、協調者的角色。還有一種人，對是非、對錯，對事務該如何以正確的方式進行和評斷格外在意、格外敏感，那就表示他的性情與「義理」相近。最後一種人則相反，他們感情豐沛，憑衝動行事，不那麼看重是非對錯，那就是接近「情理」的人。

因為熱衷於將人分類，推源人的差異，劉劭建構了差別的「理」。「理」不再是統納的描述、更不是超越的概念，而是和人的差異相呼應，同樣依照差別而有所區分的。人的四種不同能力，呼應四種不同的「理」；倒過來，四種「理」也刺激產生了有四種不同專長、當然也就有不同缺點的人。

一種特性會給人帶來長處，同時也會帶來缺點，兩者永遠並生共存。人身上的優點和缺點，往往來自同樣的原因，都是偏材產生的結果。

關於這一點，《人物志．材理》中詳細布列：

> 以性犯明，各有得失：剛略之人，不能理微；故其論大體則弘博而高遠，歷纖理則宕往而疏越。
>
> 抗厲之人，不能迴撓；論法直則括處而公正，說變通則否戾而不入。

堅勁之人，好攻其事實；指機理則穎灼而徹盡，涉大道則徑露而單持。……

意思是不同的性情有不同的外在表現，這種表現是兩面的。有膽氣勇壯之人，通常就對細節沒有耐心。討論大局勢、大策略時，他們的眼光開闊高遠，然而如果要深究細節，那他們的看法和說法就太粗糙了。

耿直的人不懂得如何迂迴轉彎，要他按照既有的規矩、法條做判斷，他可以思慮周到、公正處置，但這種人無法變通，拒絕接受規則以外的考量。

堅定固執的人格外重視事實、只看事實。在事實層面，他能夠洞澈其間的關係，然而對於全面的道理，他就無能為力了，很容易偏頗、鑽牛角尖。

07 《人物志》的平行分類，目的在「識人」

前面只引了三小段，[3] 目的是讓大家明白：每一種偏材都是優缺點連結共存的，這也是劉劭反覆強調的一點。而且這不只是《人物志》裡的看法，實質上也彰顯了魏晉時代思想的特色。魏晉之人喜歡排比、羅列，那是他們的表達習慣，更反映出他們的思考模式，正是來自對於分類的著迷與重視。

西方「啟蒙運動」時期，當人要離開原本以上帝為中心的信仰、重新認識世界時，也曾經有過一個「大分類時代」。什麼和什麼該放在一起，用什麼原則安排世界上的紛紜現象，是那個時代最熱鬧、最主流的思考活動。產生這種時代趨勢的背景前提是，人們意識到世界的多樣性，尤其是發現舊有的認知方式不足以處理如此豐富的多元性，於是不得不摸索、尋找新的架構，以便安放這些令人為之目眩神移的現象。

以前在命名或在意識上，認定了就是「一」的現象，現在變成了「多」，因而刺激出新的需求：我們無法一一辨認、理解所有的「多」，那麼就必須找出將「多」予以簡化的方式，以便掌握「多」。然而人們又意識到「多」不可能重回「一」，於是只能從「多」之中找出規律、進行分類，這樣就只需要掌握相對較少、較有限的分類，而不需要認識所有的個體，避免造成困擾與負荷。

瑞典生物學家林奈（Carl Linnaeus, 1707-1778）的生物分類學，藉著七層結構（界、門、

3　《人物志・材理》中梳理了「情有九偏」，除了剛略之人、抗厲之人、堅勁之人外，還有辯給之人、浮沉之人、淺解之人、寬恕之人、溫柔之人、好奇之人。

綱、目、科、屬、種），讓看起來不可盡數、接近無限多的動植物種類，成為有限、可掌握的知識體系。從此之後，遇到任何生物，人們所做的第一件事不是觀察、研究個體，而是判斷其所屬的分類，這是動物還是植物，是脊椎動物還是腔腸動物，是貓科還是犬科……

《人物志》首先承認並強調人的多樣性，同時也就等於承認並強調要認識人，比原本以為的要困難得多，不能再簡單沿用過去的那套觀念架構。劉劭要重新建立一套因應如此複雜性的新架構，也就是不同原則交錯的分類。有「四理」、有「四明」、有「九偏」、有「七似」、有「三失」、有「六構」、有「八能」……，每個名詞都是一種分類，依照不同原則將人分為四種、九種、七種、三種、六種、八種……

有意思的地方在於，相較於林奈的分類法，我們會發現劉劭的分類都是平行的，而不是垂直分層。每個人在每種分類中會得到一個位置，透過不同的分類原則而形成極為複雜的交錯。這樣的分類產生的作用，也就在於「識人」——可以反覆用不同標準來觀察、檢驗一個人。交叉比對之後，給予每個人更精確的分析圖像，如此讓我們得到更好、更有效的識人之法。

在這過程中，《人物志》另外完成了對於識人目的的巨大轉折。東漢的「清議」，其月旦人物活動的背後假設是：「識人」之所以重要，是為了「用人」，而且是站在天下的角度考慮什麼樣的人是人才，還要分辨出什麼樣的人適不適當。而適當與否，主要是以能不能在朝中擁有權力為標準的。

到了《人物志》，「識人」活動變得如此精細，但相對地，「用人」的動機與概念幾乎從這新建構的體系中消失了。「識人」變成目的，而不是「用人」的手段。「識人」自身有其獨立的意義，不需要為了「用人」而進行。

08 「品」高於「用」，藝術的「人學」態度

如果不是為了「用人」，不是為了擇別人才，幹嘛還要「識人」呢？最接近的答案或許是：因為識人是件有趣的、可以在智識上很享受的事。在這一點上，識人活動和「談玄」並無二致。談玄也沒有明確的用處，純粹出於智識上的樂趣，因而吸引了魏晉的名士們。

另外，識人是一種「品」的活動。《人物志》提供的是識人的方法，名士們藉由這些方法，可以更細密地「品」人，察覺、體會、討論人的區別差異和人的特殊性。「品」和「用」脫離了聯繫，不只是「品」獨立於「用」，而且很明顯是「品」高於「用」。

這種態度進一步影響了對於人的評價，「用」的標準相對不重要了。一個人身上具備可以做官、可以掌握權力的素質，這在過去很受重視，然而到了這時候，這種素質逐漸失去了那樣的地位。什麼樣的人值得「品」，值得被觀察、被討論，乃至被讚揚呢？那就是愈來愈傾向於「無用

者高」的標準。

從這裡升起了一種藝術的「人學」態度。意思是魏晉時期，接著影響後來的南北朝，人們仍然積極地品評人，仍然熱衷於對人的高下衡量，但在《人物志》之後，「識人」的活動與「用人」的功能分開了，具體、現實的標準逐漸被放棄，取而代之的是比較接近藝術欣賞般的態度。「識人」不在於找到可用之人，毋寧是要找到值得欣賞的人。而一個人之所以值得欣賞，往往就因為他身上具備毫無實用性的特色。

魏晉時期欣賞人物，大致有兩個基本標準。一是「神采風姿」，一種與生俱來的氣質；二是後天獲致的「識見」，即一個人的看法、見解、體會、思考，更重要的還有如何表達看法、見解、體會、思考的方式與風格。

這種藝術態度的「人學」，或說「品人」的方式，首先講究「清逸之氣」。「清」是這個時代的關鍵字之一，一部分從東漢承襲而來。漢末士人重視「清濁之分」，不過他們概念中的「清」和「濁」指的是道德上的純真與虛偽劃分。到了魏晉時，「清」的意義轉為清逸，多加了「逸」字，就是要脫逸於既有的規矩、框架之外。

漢末之人想像的「清官」，是在自己的職位上認真、正直，不偷懶、不貪污。但這樣的人放到魏晉風俗底下看，可就反轉成了「濁官」，意味著沒有個性，缺乏自我風格，只知道依循既有的規範，缺乏一種能和世俗拉開距離的「清逸之氣」，相對地也就沒那麼值得肯定了。

魏晉南北朝時官場上最大的區分，就在於有做事的官和不做事、不用做事的官。前者依照官職的需求行事，隨時處於固定的規範管轄中，那就是「濁官」。等級高的「清官」不需要這樣做，他們的地位正是來自不理會、無須理會官職的要求。要建立、進而維持這樣的「清濁」標準，必須憑藉門第，即高度貴族化的社會結構。到後來，「清濁之分」也就不可能真的是從個人層次上來做判分。只有出身貴族門第的人，才有餘裕當那種不做事、不用做事的「清官」；而非貴族、寒門出身的人，就只能乖乖地當「濁官」了。

09 魏晉名士的追求：清逸、風流、天地之棄才

表現出「清逸之氣」的「清逸之士」必然和別人很不一樣。魏晉人物凸顯價值的第二種方式在於追求「風流」。「風流」二字的基本意義指的是「如風之飄，如水之流，不主故常，而以自在適性為主。」（語出牟宗三《才性與玄理》）風流一方面和自然有關，即一個人表現出一種不造作、不勉強、和自然相近的特質；另一方面則指向個別性、特殊性，不落入既有的、固定的行為與言談模式中，不勉強自己配合、適應模式，而是在模式之外表現出屬於自己的特殊情性。

從《人物志》開始，魏晉之人的基本態度是對聖人存而不論，完美、完整的聖人沒有什麼值

得欣賞玩味的；值得欣賞的是非常、非故、突出、特異之士，是「曠達無所成」之人。「曠達」表示一個人對一般世俗的規定、標準不放在心上，隨性自在，具備自然「風流」。這種人因而也就不會有世俗的成就，「是不為也，非不能也」，他們主觀選擇要做一名「清逸之士」，不接受世俗的各種拘執。

曹雪芹曾經如此形容自己在《紅樓夢》中寫的主角人物賈寶玉：「潦倒不通世務，冥頑怕讀文章，……富貴不知樂業，貧窮難耐淒涼。」這是一個缺乏一般處世能力，又不耐煩領會正常文章的人。當富貴時，他沒有能力營生維持；一旦淪落貧賤，他就更沒有本事可以度過困窘了。

這叫「四不著邊」，光聽如此描述，這人簡直一無是處。但讀《紅樓夢》的人再清楚不過，賈寶玉果然符合這樣的「四不著邊」，可是他在小說中卻再迷人不過。

牟宗三先生在談論魏晉思想的《才性與玄理》[4]一書中，便借用賈寶玉的「四不著邊」來形容魏晉時代品鑑出來的「名士」。名士是「天地之棄才」，具備的是不完整的、甚至極端材質的偏材，而且是無用的偏材。但這無用的偏材卻同時保證使他不入流俗，保有「風流逸氣」，那種無所用、不知所用的才分帶著特殊的魅力。

當然，要如此抬舉名士，任隨那麼多「天地之棄才」不為所用，只是供人欣賞，需有一定的社會條件。賈寶玉的「富貴不知樂業，貧窮難耐淒涼」，前提條件畢竟要先富貴過。因為魏晉門第的形成，出現了貴族社會，使得世族子弟可以既擁有發揮才能的機會，卻又有充分條件可以放棄這樣的機會。

要成為「天地之棄才」，一方面要有「才」，另一方面也要有背景，讓他可以不需要被「用」，可以自我放棄而去發揮「無用之才」。貴族社會支撐了這樣的「人論」，而這樣的「人論」創造出中國歷史上過去不曾見過的品鑑人物態度，一種以欣賞本身為目的、帶有高度藝術性的態度。

如此態度所品鑑、檢別出來的「清逸之士」、「風流之士」，和「名教」之間當然有著一定的距離、一定的緊張關係。其內在價值是要擺脫「用」所帶來的拘執，換另一個角度看，也就意味著在那樣的社會裡，要得到別人的欣賞、尊重、抬舉，就必須表現出「無用」的特性。於是無可避免地，他們的生命態度會傾向於虛無，也就是不講究、甚至反對人生意義的追求。追求便帶有工具性，工具性會傷害一個人的自在、風流、清逸。

認識了這個時代流行的虛無生命態度，我們才能更準確地解釋，為什麼佛教會在這個時期開始產生可觀的影響力。佛理中所持的生命態度，強調偶然、因果湊泊，反對既有規範的固定性質，也是帶有虛無性格的。因而，從對於人物價值的翻轉、虛無化，進一步鋪下了接納佛教、對佛理進行「格義」吸收的道路，最終使得佛教開始中國化，成為中國思想中一個重要的新鮮元素。

4 可參考牟宗三，《才性與玄理》（臺北：臺灣學生書局，一九八九年）。

10 《世說新語》：品鑑人物到極致的奇書

在呈現六朝時期對人物的品鑑上，最鮮活的記錄當然是《世說新語》。《世說新語》是一本奇書，前無古人後無來者，意思是我們找不到其同類。沒有任何一個清楚的書籍或文學傳統，可以讓我們把這樣一本書擺放進去，在脈絡中來認識、理解它。

由劉義慶編撰、劉孝標加注的《世說新語》是一本什麼樣的書？它可以說是從六朝品鑑人物態度中衍生出的一份執著、執迷（obsession）的記錄。也就是說，這本書是品鑑人物的觀念與行為發展到極致時產生的對各式各樣人物的描述。

《世說新語》的品鑑態度比《人物志》還要極端。《人物志》強調「偏材」的重要，從偏材的角度看待一個個不同的人，而且在立場上，《人物志》仍然是以個人為單位的。但到了《世說新語》中，不看普遍而看特殊的態度更強烈了，強烈到品鑑時只是擷取一個人生活當中的短暫片刻，看那片刻所展現出的獨特靈光。

在正式的篇目架構上，《世說新語》仍然將人的不同素質做了高下分類。一開頭是「德行」，表示「德行」是最高、最重要的。「德行」之後是「言語」，「言語」之後才是「政事」、「文學」、「方正」、「雅量」等等。從這裡我們又得以看出六朝的價值概念偏移。「言語」變得如此重要，一個人會不會說話，能說出怎樣特別有意思的話，在評量、品鑑上的分量僅次於「德行」，甚至高於處理政治與文字表達上的能力。

從正面到負面，篇章一路排下去，將人的行為事蹟分門別類整理擺放。有意思的是，很多人在書中都出現過多次，而且分散出現在前後不同的篇章裡。也就是說，對於同一個人，《世說新語》既記錄他的正面行為，也記錄他的負面事蹟。書裡非但沒有要告訴我們誰是好人、誰是壞人，甚至也沒有要像《人物志》一樣，幫助我們從偏材的角度了解一個人，辨識他究竟屬於哪種偏材。

《世說新語》對於人的記錄和表現更加地零碎。《人物志》告訴我們人具備各式各樣的特殊性，而到了《世說新語》，根本不是在品鑑一個人的特殊性，而是品鑑一個人的特殊行為。人生片段的言行取代了整個人，成為《世說新語》品鑑的對象與單位。書中蒐羅的，是一個個不同的人在偏材上的極端表現。

這裡的品鑑標準，就不可能是平直中正的，而是走向極端，所記錄的都是最聰明的語言、最愚蠢的語言，最聰明的行為、最愚蠢的行為，最清逸的行為、最庸俗的行為等等。基本上只有能符合最高級形容詞運用下的內容，才值得收進《世說新語》中。

這是一本「風流之書」、「清逸之書」，也就是將魏晉精神中那種品鑑人物的新鮮態度發展到極致才可能產生的一本奇書。書中採取的標準和態度是六朝的，不過記錄的不完全是六朝之人，有遠溯到東漢、曹魏時期的。像是第一篇〈德行〉中出現的就幾乎都是漢魏時期的人。漢魏時期的人有「德行」，之後的時代不再那麼強調「德行」的重要，也就沒那麼容易找到範例了。

11 廣闊的人論光譜，人物的獨特修辭

《世說新語》是用六朝的透鏡重新審視過去的人和事，也就帶著一定程度的扭曲。例如《世說新語．文學》中記錄了一樁謀殺未遂案，主角是馬融，謀殺的對象是鄭玄。這樣的傳言顯然是不可信的。其中反映出來的，不是漢代經學大師之間發生了什麼事，毋寧是六朝人眼中所認為什麼是值得知道、值得記載的事。

正常的行為、正常的人際關係，單純的事實、有憑據的情理，都引起不了這個時代人的注意。相對地，說馬融忌妒鄭玄到想要謀殺他的程度，才會在新的標準下被選入《世說新語》中。書中所有的片段小故事都具備了彰顯人的最大差異性的功能，讓我們恍然大悟：原來人與人之間可以差別到這樣的程度！這些故事展示了高度廣闊的人論光譜，在人性、人之所以為人的思考上，給了我們很不一樣的刺激。

另外，《世說新語》比《人物志》創造出更多用來描述、品鑑人物的語彙及文字表達方式。那樣的語言和表達充滿了誇張的戲劇性，和書中要傳達的人物極端風格是彼此相應的。所以當我們閱讀這樣的文字時，就不能將之簡單地視為實錄，而是應該要有一種特殊的欣賞準備。

例如《世說新語．德行》中的第一則：

陳仲舉言為士則，行為世範，登車攬轡，有澄清天下之志。為豫章太守，至，便問徐孺子所在，欲先看之。主簿白：「群情欲府君先入廨。」陳曰：「武王式商容之閭，席不暇暖。吾之禮賢，有何不可！」

短短幾句話，形容陳仲舉（陳蕃）這個人，他說的話可以為士人提供準繩，他的行為可以當作所有人的典範，他站在車上、拿著轠轡，展現出風度與氣度，懷抱著讓天下擺脫失序與動亂的大志。

他被任命為豫章太守，才剛抵達就先問徐稚在哪裡，要先去找他。人家勸他，依照道理應該先進官署再說。他卻對這種「道理」表現出不滿。他用了周武王的典故，當年周武王剛攻下朝歌，座位都來不及坐暖，就急著趕到商容家門口去行禮致意。以武王為標準，他不進官署而先去看徐稚，哪有什麼問題！

由這個故事帶頭，書中接著開展了一系列「禮賢」的事蹟，而且一個比一個誇張。有的是找到一位賢能之士，全境人民就能安定生活了；有的是幾天見不到一位賢能之士，人就變醜變臭了。這些記錄顯現的，是一種關於人物的獨特修辭，要讓人物的面貌不尋常地浮現在紙面上，從而影響讀者看待人、看待事的基本認知。

第三講

佛教東來與中國思想大變遷

01 佛教進入中國的途徑與最早的記錄

佛教在中國的重要發展期正是中古，即從漢末到五代這段時間。這段時間裡，佛教逐漸成為中國人生活中重要的元素，進而成為中國社會價值觀念的一個核心。也就是說，中國人如何判斷是非對錯、如何看待生活的意義、如何進行日常的選擇，這些涉及「核心價值」的方方面面，都受到佛教愈來愈強烈的影響。

從上古到古代，中國的核心價值是由儒家、儒學決定的；到了宋代以降的近世時期，儒家、儒學又捲土重來，規範了中國社會的核心價值。而正是在中間的這段中古時期，儒家、儒學的主流地位沒落了，佛教對應興起，代表了新興的思想和信仰勢力。甚至宋代之後捲土重來的儒家、儒學，其實已經和原始儒家有著相當大的差異，這差異主要也是在吸收佛教教義、因應佛教衝擊而產生的。

佛教是明顯的外來思想，源自遠方的天竺。佛教如何能跨越這麼遠的距離傳入中國？主要就是透過西域。佛教的東來，和漢代通西域是明確相關的，如果沒有漢代和西域之間的密切往來，就不可能會有佛教在中國的種種變化發展。

佛教的東傳和西域的大月氏有直接關係。大月氏原本起於敦煌、祁連一帶，由於匈奴勢力向西擴張，大月氏先遷至伊犁河流域，後來又被烏孫襲擊，迫使大月氏跨越蔥嶺（今帕米爾高原），遷徙到中亞地區，帶來西域和中亞諸國疆域的連鎖變化。大月氏在中亞逐漸擴張，建立了範圍廣大的貴霜王朝（約西元一世紀至五世紀）。貴霜王朝和印度接壤，王朝中出了好幾位尊崇佛教的君主，成為佛教進入中國的觸媒。

佛教進入中國最早的證據之一，是西漢哀帝時大月氏的使者伊存口授的《浮屠經》。《浮屠經》的原本已經亡佚，目前還能看到最早的內容是三國時期私撰史書《魏略》中的引文。透過《浮屠經》的相關史料，我們至少能知道，伊存是漢代通西域後，由大月氏派到漢朝的使者，具有基本的漢語能力，以口述方式翻譯了佛教的根本內容，由漢人景盧協助筆記下來。

東漢之後，出現了《牟子理惑論》。「牟子」就是牟融，其確實身分不明，推斷是東漢後期的人，他的學問基礎應該是「黃老之術」，尤其是老子之言，同時也涉獵佛教。他會通《老子》和佛教，寫下了《牟子理惑論》。

《牟子理惑論》中說：

> 昔孝明皇帝，夢見神人，身有日光，飛在殿前，欣然悅之。明日，博問群臣：「此為何神？」有通人傅毅曰：「臣聞天竺有得道者，號曰佛，飛行虛空，身有日光，殆將其神也。」於是上寤，遣中郎蔡愔、羽林郎中秦景、博士弟子王遵等十八人，於大月支，寫佛經四十二章，藏在蘭臺石室第十四間。時於洛陽城西雍門外起佛寺，於其壁畫千乘萬騎繞塔三匝。又

於南宮清涼臺，及開陽城門上作佛像。明帝時豫修造壽陵，曰：「顯節亦於其上作佛圖像。」時國豐民寧，遠夷慕義。學者由此而滋。

永平年間（西元五八年—七五年），東漢明帝有一天做了個夢，夢見一個身上披著光輝的神飛到殿前。明帝夢見神人時感覺很舒服、很高興，醒來後就問大臣們：「有誰知道這是什麼神嗎？」大臣中有一個特別博學的傅毅就回答：「我聽說遠在天竺有得道的聖人，叫做『佛』，可以在虛空中飛行，身上閃著太陽的光輝。皇上夢見的應該就是這位神吧！」

明帝被傅毅的說法說服，於是派了十八個人，到了和天竺有密切往來的大月氏，抄了四十二章佛經。《四十二章經》若是依照流傳下來的內容看，應該不是單一的一部佛經，比較接近佛經的摘要，其四十二章，每一章都是一段簡短的摘要說明。

抄寫回來的《四十二章經》被尊崇地收藏在皇宮藏書閣的第十四間。與此事件同時，明帝又在國都洛陽城門外蓋了一座佛寺，佛寺裡有漂亮的壁畫，上面畫著千萬匹馬圍繞一座塔排列了三圈的模樣。此外，明帝還命人在南宮清涼臺和開陽城門上畫佛像。明帝活著時，為自己預造的陵墓叫做「顯節陵」，裡面也畫了佛像。那個時代漢朝國力強盛，遠道外來的人很多，也就進一步刺激了佛教的散播，學習、信仰佛教的人愈來愈多。

由《牟子理惑論》的記錄，我們知道東漢皇室已經接觸佛教，而且表現出對佛教的高度興趣與接納善意。這樣的態度，應該和楚王劉英有很密切的關係。

02 佛教初來特色：受皇室喜好，和黃老並稱

從西漢末年經過王莽的新朝，一直到東漢初年，「讖緯」之學盛極一時。在建立政權合法性基礎和推動政權轉移上，讖緯都發揮了很大的作用。東漢光武帝從崛起到穩固統治的過程中，也曾經有賴於讖緯的加持，才能由相對邊緣的皇室後裔，一路上升取得正統地位。

影響所及，光武帝的兒子們都和圖讖、鬼神方術有關係。例如，史書上記載濟南王劉康，說他「不循法度，交通賓客」（《後漢書．光武十王列傳》），身邊經常圍繞著許多人，包括漁陽顏忠、劉子產等「州郡奸猾」，主要的罪狀是作圖讖，「謀議不軌」。另外，阜陵王劉延也和他的愛姬謝氏的胞兄謝弇、姊姊館陶公主的駙馬韓光「招奸猾，作圖讖，祠祭祝詛」。換句話說，他們都私下動用非自然的力量為自己求非分之利，而這種力量長期以來牽涉到政治、牽涉到權力，於是運用這種力量本身就足以惹來猜忌。

還有廣陵王劉荊，他的問題出在「迷於孽巫」（語出《論衡．恢國》），後來更「使巫祭祀祝詛」（《後漢書．光武十王列傳》）。

更有名的是楚王劉英。前面提到濟南王招募的賓客之一漁陽人顏忠，後來就改投楚王劉英。明帝永平八年，「詔令天下死罪入縑贖」，也就是皇帝下詔特赦，准許犯了死罪之人可以藉由捐

獻贖罪，得免一死。楚王劉英響應這道詔令，「奉黃縑白紈三十匹」，也來捐獻。他並沒有犯什麼重罪，而是表示自己或許曾經犯過什麼錯誤，就先贖了求皇帝原諒再說。

劉英的捐獻決定由國相報到朝廷上，皇帝特別回詔：「楚王誦黃老之微言，尚浮屠之仁祠，潔齋三月，與神為誓，何嫌何疑，當有悔吝？其還贖，以助伊蒲塞、桑門之盛饌。」

皇帝告訴他那三十匹布不必送來了，因為皇帝知道他是個好人，不會有罪。皇帝掌握的訊息顯示，劉英平常喜愛黃老和浮屠，依從儀式敬畏神明，所以就要他把那三十匹布拿去幫助佛門的在家居士和出家人。「伊蒲塞」是在家居士，「桑門」是「沙門」，也就是出家人。

由此我們知道，到了東漢初年，光武帝的兒子這一輩貴族間，佛教已經開始流行了。佛教進入中國有兩項特色：第一是受到皇室的喜好，第二是經常和「黃老」搭配在一起。東漢史料中經常是「黃老」和「浮屠」並稱的。

漢代官方的意識形態雖然在漢武帝之後轉為「獨尊儒術」，但黃老一直維持著很大的影響力。漢武帝之前，黃老是無為而治、與民休息的一套治術指導原則；到了西漢末年之後，變成了一套道術或方術，一套透過陰陽五行來控制自然或超自然力量的辦法。

佛教初入中國時所接近的黃老，是作為道術方面的黃老，對祭祀、儀式的強調遠超過對觀念、思想的重視。道術相對容易模仿、流傳，不像思想和觀念需要翻譯、解釋。

東漢桓帝時有了「清流」，當時自命敢言的「清流之士」襄楷曾經上疏直言批評皇帝：

又聞宮中立黃老、浮屠之祠。此道清虛，貴尚無為，好生惡殺，省欲去奢。今陛下嗜欲不去，殺罰過理，既乖其道，豈獲其祚哉！……今陛下婬女豔婦，極天下之麗，甘肥飲美，單天下之味，奈何欲如黃老乎？（《後漢書．郎顗襄楷列傳》）

文中又是將「黃老」、「浮屠」並列，表示聽說宮中祭拜「黃老」和「浮屠」，而這兩種道術的基本精神是講究「清虛」、「無為」的，要抑制欲望，去除奢靡。然而皇帝的做法既不「清虛」、也非「無為」，充滿奢侈欲望，而且還殘酷嗜殺，這樣如何得到「黃老」、「浮屠」的庇祐呢？獨占全天下的美女，享受全天下的美味，過這種生活，就算再怎麼拜「黃老」、「浮屠」又有什麼用？

這就是東漢的「士節」，要當清流、要凸顯自己的精神，就要用這種不怕得罪當道、不怕死的態度跟皇帝說話。藉由襄楷如此凶悍直言，我們可以明瞭：在士人眼中，「黃老」和「浮屠」沒有分別，而且至少在宮廷裡，「黃老」、「浮屠」都是高度形式化的，以祭拜祈福為主，雖有「清虛」、「無為」的基本價值信念，但信念和儀式是可以分開的，而且通常是分開的。

03 與黃老牽扯不清，西域人士有計畫譯經

佛教進入中國，遭遇的一個問題正是和「黃老」一直牽扯不清、脫不開來。尤其是黃老這邊還會有意識地將佛教納入，使其變為他們的一部分。例如早期道教的重要文獻《三洞珠囊》中，便有〈老子化西胡品〉，說老子原本是周代的「柱下史」，後來西行出關，遇到關令尹喜，在尹喜的要求下，留下五千言的《道德經》。寫完《道德經》之後，老子騎牛出關西去，到了西國，化身為佛。所以佛、「浮屠」，也就是老子。

老子在西國創造了六十四萬言的經書，留給「胡王」，然後又回到中國。回來之後，他仍然勤於製造經書，於是又有了《太平經》。依照《三洞珠囊》的說法，《道德經》、佛經和《太平經》全都出於老子一人之手，那麼理所當然，道家、佛家和道教就都分不開了！道家和道教原本就纏夾不清，這下子更是將外來的佛教一併納入。

這一度是非常流行的說法。《三洞珠囊》裡留的只是部分片段，今天已經失傳的《老子化胡經》應該有更詳盡、也更誇張的描述，說明老子如何在西方變成了胡人，又在天竺胡國經歷了哪些事。

中國的皇室在形式上統御朝廷，然而在思想、信仰取向上，卻和朝廷的士人、大臣們大有差

別。士人尊奉的是高度理性化的儒家價值，根本上是反對各種詛術迷信的；然而皇帝及其家人在他們的宮廷生活中，卻相反地充滿了各種超自然的信仰與想像。這樣的態度和士大夫很有距離，反而比較接近民間底層的小傳統。

漢代皇室間流行的「黃老」、「浮屠」，那種祭祀法術性的方式，不受士人青睞和信任，卻跨過士人所代表的大傳統，影響到民間底層，和《太平經》所代表的道教結合在一起。

佛教進入中國的第一階段，沒有獨立性，不論在皇室還是在民間，都依附在黃老之上，甚至被視為黃老的一支。不過佛教畢竟沒那麼簡單，它不只是一套超自然的迷信與儀式。從《三洞珠囊》的文字就知道，中國人已經意識到佛教最大的特色所在。故事中老子出關只留了五千言，然而到了胡國變成胡人之後，卻一口氣寫了六十四萬言！

為什麼是六十四萬言？因為那時候的人不能不注意到佛教有龐大的佛經，這些佛經的規模遠超想像，而且在原來的佛教系統中顯然極其重要、不容忽略。

如此龐大眾多、分別以巴利文和梵文存留下來的佛經，需要時間才能被中國人吸收、理解。比較正統的佛教思想進入中國，《四十二章經》應該是個重要的起點。《四十二章經》可以說是一份佛理簡介，以短語、短文的方式集中呈現佛教的要點，雖然沒有嚴謹的系統，但可以讓人快速地了解佛教的基本面貌。

到了東漢末年，一方面西域受佛教的影響愈來愈深，另一方面中國和西域的交通來往愈加固定深化，於是就有一些西域來的人士，開始在中國認真翻譯佛經，例如安清、安玄、支讖、支謙……等人。這是他們的漢名，名字裡有「安」字的表示來自安息國，有「支」字的表示來自大月氏，另外，帶有「康」字的是從康居來的。中國佛教和西域關係最密切的，主要就是這三個地方。而像是「清」、「玄」、「識」、「謙」等字，又清楚顯示出他們和黃老思想、道教道術之間的關聯。

這些人比較忠實、也比較有計畫地翻譯佛經。不過要能在那樣的環境中受到重視，讓佛教吸引更多人注意，他們仍然得符合當時社會的一些基本預期。例如在《高僧傳》中描述安世高，也就是安清的段落，說他：「……七曜五行，醫方異術，乃至鳥獸之聲，無不綜達。……故俊異之聲，早被西域。」安清的盛名來自精通各種方術，甚至被認為能知曉鳥獸的語言，基本上就像個魔法師嘛，靠著魔法名聞西域，一路紅到中國。

04 切合人心的神靈不滅、報應輪迴觀

初期和「黃老」混雜之時，佛教最吸引中國人的，也能對黃老道術信仰發揮補充作用的，是佛教的神靈不滅、報應輪迴的觀念。佛教主張靈魂不會隨著人的肉身死亡而消失，它會一直存

在，在輪迴中流轉。人的所作所為都形成了「業」，累積在靈魂上，好的「業」讓人在輪迴中上升，壞的「業」讓人在輪迴中墮落。而要有輪迴，要與輪迴的不爽因果連結，就一定得相信靈魂不滅。

漢代中國人的生死觀中，相信人是由陰陽二氣所構成，陰陽二氣凝聚而有生命，因而死亡也就是陰陽離散，陽氣成「魂」向上升，陰氣成「魄」往下走。換句話說，人死了之後，陰陽各自復位，又成為大自然的一部分，回歸自然；如此一來，我們生時所熟悉、所依賴的自我意識就消失不見了。死後，「我」就沒有了，只剩下分散的陰氣和陽氣。

這樣的自然主義死後觀，一來使人不安，二來也無法充分解釋一般流傳的信念。例如，那神鬼是怎麼來的？神鬼又是依照什麼樣的道理存在的？難道完全沒有神鬼，都只有氣？連神鬼都沒有，人死了就徹底消失，這樣的死亡很恐怖啊！

佛教信仰在這方面顯然比原有的自然主義解釋更有用。佛教的輪迴觀念既保證了靈魂一直存在，人死了不會是徹底、絕對的滅亡，讓人面對死亡時不至於那麼恐慌，也讓生者假想死者仍然存在於某個異次元空間中，得以安撫傷痛。除此之外，藉由輪迴與報應的說法，還能解決一般人心中最困擾的倫理困惑。

好人為什麼沒有好報？善人為什麼得不到善終？壞人為什麼常常可以壞到底，躲過各種懲罰？如果善惡不會招引來對應的結果，那人為什麼還要為善避惡？尤其是如果為善必須付出代價，為惡能帶來好處時，要如何獲取動機維持為善避惡的決定？

關於這些現實的倫理困惑，中國民間原本最有影響力的說法，是跟隨著特有的以家族為中心的社會結構而來的。簡而言之，就是「禍延子孫」四個字。一個人的所作所為不一定會反映在他活著的一生，而是會延遲發作，報在他的家族後裔身上。做好事的，今生沒享受到好處，卻能庇蔭兒子、孫子，給他們帶來好處；做壞事的，自己死前沒受到懲罰，就會儲存災禍、感染子孫，使他們倒楣受禍害。

這樣的想法，在中國社會流傳很久，甚至到現代都還有一定的影響力。不過在根柢上，前人所做的事卻由後人來承擔結果，尤其是「禍延子孫」這種事，畢竟帶著無奈的不公平。人們可能會想：不是我做的，我是無辜的，為什麼只是因為我的祖先做了壞事，就該由我來承擔、付出代價呢？

相較之下，佛教的說法公平多了——報應會透過輪迴報在你自己身上。輪迴中都是苦，除非能入涅槃停止輪迴。但如果你這一世做得好些，累積的因果業報會讓你在下一世少苦一點；相反地，如果你這一世做得壞些，下一世也就往下墮落變得更苦。而且隨著好壞，每一世輪迴會讓魂靈更接近或更遠離輪迴的息止，也就是更接近或更遠離永恆的超脫。

05 以無為解釋涅槃，省欲去奢的佛道呼應

佛教初入中國時，中國人不太容易理解佛教所追求的終極目標——一切定靜止息的涅槃。不過，從此世到涅槃過程中的輪迴上下，相對容易理解，對人們產生了很大的衝擊。

東晉袁宏所撰《後漢紀．孝明皇帝紀下》中留下的記錄說：「又以為人死精神不滅，隨復受形，生時所行善惡皆有報應，故所貴行善修道，以鍊精神而不已，以至無為而得為佛也。」意思是，肉體死了精神卻還在，換個形體繼續存在，承受前面活著時的行為後果，因此必須不斷行善修練，最後到達「無為」的最高境界，也就是「佛」的境界。

這裡就借用了道家的「無為」來解釋佛教的涅槃。文中又強調：「然歸於玄微，深遠難得而測。故王公大人觀死生報應之際，莫不矍然自失。」我們很容易了解輪迴的基本道理，然而其運作的細節卻很複雜、很神祕，不是隨便能講清楚和掌握的，因而面對死生報應的問題時，即便是有權力、有智慧的人，都不得不為之戒慎恐懼。

一旦相信輪迴的主張，人就不得不開始思考報應，進而意識到生命中許多幽微的因果關係。這裡有根本的善惡、得失種種評斷，等於是給了人一份特殊的危機自覺，覺得不再對自己的生命那麼有把握。尤其是過得好好的「王公大人」們，本來可能只在意當下現實的享受，此時卻不得

不想：這樣的享受對嗎？此世的享受是否會讓我在來世變為畜生，並使我愈來愈遠離那永恆的極樂呢？

佛教認為欲望是痛苦的來源，一個人有了生命、進入輪迴最困難之處，正在於有欲望。欲望帶來痛苦，只有棄絕欲望才能到達沒有身體、生命羈絆的涅槃至福狀態。簡而言之，要在輪迴中上升而非下降，就得「省欲去奢」。這就是為什麼要特別提「王公大人」，說他們「莫不矍然自失」，因為他們過著奢侈的生活，有著最多的欲望。

「省欲去奢」的訓誡，又使得佛教和道家接近。《老子》說：「五色令人目盲，五音令人耳聾，五味令人口爽，馳騁畋獵令人心發狂，難得之貨令人行妨。是以聖人為腹不為目，故去彼取此。」老子以弔詭的辯證，點出過度的感官刺激會使人麻木，反而無法正常享受。因而要得到真正的滿足、更高的滿足，就必須節制欲望。

不節制、大刺激只會帶來邊際效果遞減的麻木；相對地，若能節制，一點點小刺激就可以帶來極大的、更高的滿足。這是道家和《老子》原本就有的觀念，佛教的「省欲去奢」在此和黃老無為哲學中低調處理人生的主張相呼應。

不過佛教的教義還是有些部分超出中國人的理解，讓中國人感到意外、難以接受。例如道家的「省欲去奢」，更像是節制飲食、男女享受，是為了養生，而養生是為了求取長生。然而佛教假定人的精神、靈魂一直存在，沒有必要追求長生，相反地要追求精神的死寂，讓精神不再動，不用繼續在輪迴中受苦，實質上也就是求取精神的熄滅。這和道家的主張毋寧是根本相反的。

06 佛教的禪定、持息念和不淨觀

佛教「省欲去奢」的方式，有些是中國人無法接受的。在《太平經》裡，就有對於佛教提出的「四毀」批判。前面兩項批判牽涉到出家，第一是「棄父母」，第二是「捐妻子」。出家後不照顧父母，更沒有了妻兒子女，這是「無後」，挑戰了中國社會的根本核心價值。

後面兩項牽涉到佛教的修練過程，尤其是剛傳入中國時讓中國人特別無法接受的方法。一種是「吃糞飲尿」，這其實是來自印度的苦行傳統，一方面刻意忍受一般人無法忍受之苦，另一方面用這種極端手段斷絕飲食享受的欲望。還有一種是「行乞丐」，以乞討來養活自己，作為修行耐苦的手段。

這些方法對當時的中國社會來說，顯然太極端、太激烈了。儘管在「省欲去奢」上，佛教和道家有相通之處，但佛教多了很多道家沒有的，甚至和道家觀念相反、難以調和的內容。單是在「省欲去奢」一事上，佛教訴諸出家或苦行的方法，就比道家、道教要激烈極端得多。

道家的「省欲去奢」，是以養生、長生為誘惑，讓人願意犧牲一時的欲望滿足，並沒有嚴密的方法。佛教則不然。前面提到安清翻譯的佛經，依隨他的背景，主要以上座部（Theravada）的經典為主，尤其集中在與「禪定」（dhyana）相關的文獻。

上座部重視的「禪定」，和後來大乘佛教中的「禪」很不一樣。上座部重視的不是理解，更沒有語言的巧妙辯證。他們所說的「禪定」是一套訓練方法，有很嚴密的訓練要求。

禪定有幾個主要的訓練程序，其中一個是「持息念」，也就是對於呼吸的控制。呼吸是生命的根源，而呼吸又是最自然、無意識的行為。禪定的起點就是將非意識、無意識的行為提升到意識層次上，使得呼吸不再那麼理所當然。要去感覺呼吸，進而控制呼吸，也就意味著透過意識改變呼吸的方式和呼吸的頻率，乃至呼吸和生命之間的關係。

禪定中有很大一部分和呼吸有關，這部分很容易和道教的「呼吸吐納」連結上，有助於佛教修行方法傳入中國。不過佛教禪定的終極目的不是為了養生，而是為了控制、去除欲望，從欲望之苦中解脫出來。「禪觀」中有「不淨觀」，就是要藉由意識的專注，創造一個彷彿內在的眼睛或眼光，來看自己身體中平常看不到的種種現象。

察覺呼吸、看到自己的血液循環、看到肌理腱紐……，然後進一步具體化這內在眼睛之所見，看到自己作為人最汙穢、最不堪的現象，才能逐漸擺脫作為一個人而有的種種想望，去除最根本的為了活著而活著的欲望。這隻眼睛看出了充滿欲望的生命之「不淨」，看透了欲望的虛妄本質。從「不淨觀」中看去，一位引發欲望的絕色美女，不過就是「革囊盛血」，一個裡面裝了血的皮套子，有什麼值得追求、值得依戀的？

「不淨觀」帶來平等觀，美人、醜人同樣都是「革囊盛血」，哪有什麼根本的差別？「不淨觀」還可以破除人們對於變化的錯誤執念。你所看到的皮囊、肌肉、血管……，都無法持久。從內在的眼睛我們會看到，一旦生命離開了，這副軀體便開始腐化，再美的美女都必然變成一堆長出蟲蛆的腐肉、變成一堆白骨。你自己的身體亦若是，沒有什麼可以抗拒變化的恆久本性。一個如此修練的人，可以藉由「禪觀」具體地看到自己的身體每一分每一秒都在變化，都在朝向終極的毀敗行進中，因而得以堅定對於無常的信念，擺脫對於欲望、生命的執著。

「持息念」很容易被中國人接受，但「不淨觀」就不一樣了。用這種方式看待生命，甚至用這種方式修練自己，和中國人的傳統觀念就有比較大的差距。

佛家說「省欲去奢」，也只是表面上接近中國既有的價值觀。佛教傳統中，「省欲去奢」除了個人的修行之外，還需要龐大的集體規約。這些規約構成了佛教中的「戒律」，佛經裡有複雜的「律」部。這些戒律傳入中國，也沒有那麼容易被理解、更難被遵守。

例如，佛經中提到的簡單戒律「不三宿菩提」，表示佛陀不會在同一棵菩提樹下待三個晚上，重點是為了不要養成習慣，不要依賴、依戀環境提供的方便，才真能「省欲去奢」，也才能保持對於變化無常的敏銳感受。這樣的想法，對中國人來說很難理解、更難遵從。因而佛教思想進入中國，早期時戒律並不那麼受到重視，只有零零散散的介紹，並未有系統地吸收。

07 佛教的戒殺樂施，涅槃的神通比喻

佛教教義傳入中國，在社會上留下的另一個強烈印象是「戒殺樂施」。「戒殺」觀念本身，中國當然也有，然而佛教主張的程度顯然不同。不只不能殺人，而且是原則性地不殺生，盡量不奪取任何形式的生命。

從方術到道教，沒有戒殺生的，祭禮、犧牲在他們的儀式中相對都很重要。「不殺生」因而給中國社會帶來了新的刺激。佛教不殺生的原則，是和輪迴觀、平等觀密切結合在一起的。從輪迴看，今世為人不表示你會世世為人，六道輪迴中你很可能就變成了動物，成為被殺來當作犧牲、被殺來吃的對象。人的生命和動物的生命沒有本質上的、絕對的差異，在輪迴中是平等的、可以互換的。如此一來，光是不殺人就沒有根本的意義了。

中國人原本相信，人的特性就在於和動物的絕對差異。孟子說「人之所以異於禽獸者幾希」（《孟子．離婁下》），就是一定要弄清楚人和禽獸之間那關鍵、根本的差別。但在佛教的思想中，這種絕對差異被泯除了。輪迴觀帶來的巨大吸引力，連帶地迫使中國人不得不在佛教的邏輯中思考這個問題。花了很大力氣、費了很多時間，中國社會逐漸接受佛教式的「戒殺」主張。

另外，中國傳統人倫強調「仁慈」的重要性，但「仁慈」卻和「布施」、「好施」無關。中

國人的「仁慈」是含納在家族親屬關係裡的，是長輩對待晚輩的特殊情感與行為，也就是有特定對象的。佛教所主張的「布施」、「好施」，一度在中文裡被譯作「大仁」，凸顯出這樣的「仁慈」是沒有對象限制的。把自己所擁有的交付出去，讓別人享受，讓別人擁有，藉此達到自己「省欲」的目的。這種精神對中國社會來說是新鮮的，也是中國社會需要花一點時間才能吸收、消化的重要觀念。

佛教修練所要達到的終極目標，在佛教剛傳進中國時，為了能讓中國人理解和接受，被譯作「神通」。從康居來的出家人康僧會，是三國時佛經的重要解釋者，他在安世高（安清）所譯、自己注解的《安般守意經．序》中說：

> 得安般行者，厥心即明，舉明所觀，無幽不睹。往無數劫，方來之事，人物所更，現在諸剎。其中所有世尊法化，弟子誦習，無遐不見，無聲不聞。怳惚彷佛，存亡自由。大彌八極，細貫毛氂。制天地，住壽命；猛神德，壞天兵；動三千，移諸剎。八不思議，非梵所測，神德無限，六行之由也。

他形容當人得到終極智慧時，人的心是靈明的，只要你想看，沒有什麼是看不見的。你可以超越空間和時間，幾乎就在眼前恍惚親歷世尊說法，透過「神通」，你能夠如此接近當時圍繞著世尊的大弟子們。

這其實是佛教中的一個比喻說法，形容修為到了一定程度，人和佛法之間沒有任何距離，你所聽到、習到的佛法是最純正的，如同直接在世尊座前所聽到、習到的一樣。

這樣的比喻被形象地描述後，對中國人有了不同的吸引力。「神通」可以讓人超越時間和空間的限制，這樣的能力比佛法本身更令人嚮往。佛教初入中國時，「神通」觀念很流行，和《莊子》對「真人」、「神人」的形容混同結合在一起，變成了一種神術。

這當然是極大的誤解，認為佛教提供了求取「神通」能力的方法。「神通」其實是關於終極涅槃的眾多比喻說法之一，幫助信徒了解、想像涅槃狀態。涅槃是離開了輪迴，不再有身體，也就沒有了欲望和具體生命，只剩下純粹、安靜的精神，才會沒有任何痛苦。涅槃無法用任何正面的幸福來描述，涅槃就是痛苦徹底止息，作為一種終極否定狀態而成為佛教的目標。

要理解並進一步追求涅槃，前提是要接受世界上的一切都是苦，要以擺脫苦為至福、為終點。如此徹底悲觀的看法，純粹否定、負面的追求，很難一下子就被中國人接受。從漢末到魏晉，涅槃通常被譯為「無為」，和老莊道家的想法附會在一起。道家的無為強調的是順應自然，適性而存在，不違背天性，不做違反天性的無妄追求，和佛教的涅槃其實有很大的差距。

從附會道家的無為，到確立佛教式的涅槃觀念，這是佛教進入中國後，需要時間慢慢演變消化的另一個重要課題。

08 從笮融事佛看佛教東來的階段變化

佛教在這個時期大舉進入中國，主要是因為佛教的一些主張，能夠在亂世中發揮安慰的效果，同時又和中國本來有的社會價值相應和。例如神靈不滅、省欲去奢、仁慈好施、追求神通等等，在中國社會上都有可以接受的條件。

不過佛教是一個龐大的系統，而且其思考性超過信仰，一旦接受佛教的部分主張，同時也就打開了讓整個佛教系統進入中國的大門。在中古時期，這扇門始終開著，陸續源源而入的佛教說法、概念，不斷刺激中國人對於人生、世界、社會的根本思考與想像。如此開端之後，在中古時期，中國社會費了很大的工夫去理解、接受，或反駁、抗拒這龐大的佛教系統，形成了中古歷史上極其熱鬧的思想現象。

佛教進入中國，經歷了不同階段的變化。最早的情況可以用漢獻帝時「笮融事佛」作為代表。《三國志．吳書．劉繇傳》記載：

> 笮融者，丹楊人，初聚眾數百，往依徐州牧陶謙。謙使督廣陵、彭城運漕，遂放縱擅殺，坐斷三郡委輸以自入。乃大起浮圖祠，以銅為人，黃金塗身，衣以錦采，垂銅槃九重，下為

重樓閣道，可容三千餘人。悉課讀佛經，令界內及旁郡人有好佛者聽受道，復其他役以招致之，由此遠近前後至者五千餘人戶。每浴佛，多設酒飯，布席於路，經數十里，民人來觀及就食且萬人，費以巨億計。

笮融建造了大佛寺，鑄了佛的銅像，上面還塗了黃金，再用最漂亮的布匹為佛像做衣服。佛像所在的樓閣可以容納三千多人，他在這裡讓人家誦唸佛經，還運用太守的權力，規定願意來聽佛經的，可以抵掉修馬路、蓋橋、守邊、出征等徭役。

聽佛經當然比服勞役輕鬆多了，所以吸引了遠遠近近五千多人前來。遇到有重要慶典時，就開流水席，沿路布置數十里的宴席，上萬人來吃飯，花掉了很多錢。

笮融事佛這件事的重要性在哪裡？第一，這段記錄中看不到佛、道混雜，明明白白說的是「事佛」。第二，事佛時開始讀佛經了，尤其是向大眾唸經、講經，還用政治力量號召大眾來聽。第三，明確出現了布施的行為，浴佛時開設流水席，讓所有人都能飽餐一頓。

也就是說，到了東漢末年，佛教逐漸取得了獨立於黃老、道術之外的地位；進入三國之後，佛教與道教的差別愈拉愈大，魏晉之後更出現了戲劇性的轉折。

自《牟子理惑論》出現後，大約只過了五十年，士人對佛教的態度，從高度不信任的批判逆轉為極度的推崇擁抱。《牟子理惑論》中提到佛教道理時，大量引用老子的思想予以解釋、辯護，而且之所以寫《牟子理惑論》，就是因為對於佛教「世人學士多譏毀之」，士人、有學問之人是不相信佛教、甚至看不起佛教的。

但五十年後，魏晉士人聚集清談時，幾乎不能不談佛理。那些懂佛理、能夠說明佛理的人，成為士人們爭相邀約的對象。許多來自西域的僧人或居士，也就輕易地打入魏晉世族貴冑的圈子裡。

09 從阿毘曇到都講，講經成為知識舞臺

從東漢末年到魏晉之際，佛教在中國究竟發生了什麼事？最明顯的是講經受到了重視。過去人們接觸佛教主要是透過儀式、祭拜，將佛教當作儀式性的信仰。但到笮融時，人們累積了夠多對於佛經的認識，知曉了佛經在佛教中的關鍵地位。

佛教的傳統中，有阿毘曇或阿毘達摩（Abhidhamma）的概念，指的是傳遞佛說法的一種形式。這種形式和印度人對於數、數學的重視有關，阿毘曇基本上都以整齊的數字排列來呈現佛理。「四正諦」、「五陰」、「五識」等等，都是以阿毘曇的形式呈現的。阿毘曇進入中國，由安世高翻譯了《陰持入經》，開頭便是：

佛經所衍亦教誡，皆在三部為合衍。何等為三？一為五陰，二為六本，三為所入。五陰為何等？一為色，二為痛，三為想，四為衍，五為識；是為五陰。色陰名為十現色入，十現色入為何等？……

要整理佛經的道理，首先分成三部分，分別是「五陰」、「六本」、「所入」；接著交代「五陰」是「色」、「痛」、「想」、「衍」、「識」；接著再說「十現色入」分別是哪十個條目……，這就是阿毘曇的基本方式，如此呈現的佛理都是整整齊齊的，而且方便背誦。

魏晉時期出現了「都講」的形式，最簡單的就是：例如講解《陰持入經》時，由一人說：「佛經所要顯現的道理，都包納在『三部』之中。」旁邊就有一人配合著問：「什麼是『三部』呢？」講的人回答：「『三部』第一是『五陰』，第二是『六本』，第三是『從入』。」問的人於是再問：「那什麼是『五陰』呢？」……，如此接續下去。

用這種方式，一個人代表聽眾，不斷提出問題，讓講者可以一層層地往細節裡講，同時視在場聽者的程度，提醒講者在哪些地方應該講得更明白些。「都講」的形式日益流行，成為從「清議」轉化為「清談」的重要轉折。「清談」和「都講」一樣，都有正式的形式，有一種特別安排的劇場性質。

《世說新語．文學》中記錄，東晉時來自大月氏的佛教專家支道林講道，固定會有許掾（即許詢）在旁邊當「都講」，但許詢的角色與作用就沒有那麼單純了。「支通一義，四座莫不厭心。許送一難，眾人莫不抃舞。」支道林很會說，他說完一件事，大家都覺得很有道理、很是服氣；而這時許詢卻能找到切入點，對支道林的說法提出質疑。一聽到許詢的質疑，大家的感受立刻變成：「啊，的確有這樣說不通之處啊！」因而熱切期待支道林要如何回答，能否應對許詢的質疑。

也就是說，「都講」從類似助理的角色，提升到和主講者近乎平等的地位，於是講經的方式也從單向的說教，轉為辯論的形式。講經變成一種帶有戲劇性效果的知識舞臺。

透過講經，透過愈來愈強烈的知識性，佛教在這段時間裡不斷提高社會地位，慢慢成為中古的佛教，不再是漢末的佛教了。促成如此歷史性變化的有兩大因素：第一是佛教本身的確具備龐大的論理資源，可供探測深掘；第二則是中國士人性格與精神的改變。東漢後期「清議」形成，歷經政治環境上的打擊挫折，士人不得不調整關懷的面向，從外而內，由實而虛，誕生了中古士人很不一樣的角色與形象。

10 格義附會於老莊，寺院的集體修行

西晉時，竺法雅提出了「格義」的觀念，格義最早也是和講經、和阿毘曇相關的。再以講說《陰持入經》為例，說了「五陰」為色、痛、想、衍、識之後，照理說接著該問：「那什麼是色？」若要解釋「色」讓聽者明瞭，就不能光是複誦佛經上的字句，還需要用佛經以外的知識進行說明，這就是格義的原始意思。

在當時的環境下，竺法雅特別提出格義，是積極地主張可以、甚至應該用中國傳統典籍的字句和觀念來附會解釋佛經。其實在格義觀念正式提出之前，中國早就出現了以各種原有的語言、想法來牽連並理解佛教的主張。

從格義附會的角度看，自漢末到魏晉，發生的最大變化就是用來解釋佛教的親近觀念，從「黃老」變成了「老莊」。雖然都有《老子》，雖然一般同樣視為道家，然而黃老和老莊在內涵上其實大不相同。黃老和老莊的交集是《老子》，但兩者的主要精神都不是《老子》，因為《老子》思想的彈性太大，可以這樣看，也可以那樣看。

黃老著重的是一套道術；老莊強調的卻是一種生命態度，以及與之相關的知識與思想論辯。到了魏晉時期，佛教格義的工具變成以老莊為主，這就指涉了三個重要的現象。

首先，到這個時候，佛教和中國社會的關係已經變成以「義」為主，也就是著重理解、辯說，而非儀式、崇拜。這時候在主流社會中，佛教作為一種信仰、一種修行、一種儀式，過去和黃老結合在一起的性質，相對來說不重要了。取而代之的是佛教的智識思索和討論的部分，佛教的地位因而大幅提高。

其次，魏晉時將《老子》、《莊子》、《周易》並列，稱為「三玄」，然而關係到佛經的格義，真正發揮核心作用的是《莊子》。這時候的人以莊子的自然觀格義佛教。莊子主張世界有其不受人所干預和控制的自然秩序，自行運作，人應該順應而非違逆、扭曲自然。人的內在也有屬於自然的部分，有和自然流行相呼應的天性，因而人要活得好，祕訣便在於「適性」，即隨著自己的天性，自在地和大自然合而為一。是什麼樣的人就過什麼樣的生活，不要勉強去做不是你、不屬於你自在天性的追求。

莊子的自然觀成為早期解釋佛教教理的主要思想架構，凸顯佛教中的自然、無為觀念。要等到後來思想環境更成熟，龍樹的「中觀」理論[5]進來後，佛教在中國的討論才提升到另一個層次上。

5 中觀理論以「緣起性空」為思想根基，主張「八不」中道，即「不生亦不滅，不常亦不斷，不一亦不異，不來亦不出」。其以修行空性的智慧為土，又稱為空宗。

魏晉時期格義的第三個重要現象，就是佛教從庶民的儀式性信仰，轉變為在貴族間流行的思想。失去了儀式作用的佛教，和庶民的生活一度沒有太多的聯繫，那時候最主要的佛教活動就是講經、論理，就是藉由格義來探討：到底佛教是什麼？佛教究竟說的是什麼？

從這個背景來看，我們也就不意外，在魏晉時期龐大的佛教系統中，最流行的是其中的「般若學」。「般若」是梵文 Prajna-paramita 的漢譯，指的是「智慧」，是要教人如何取得智慧，看穿這個世界的真實道理。般若學在魏晉時期大盛，此時著名的般若學家很多，例如最早去西域求法的朱士行，還有從西域來的衛士度、帛法祚、支孝龍、康僧會、康僧淵、支敏度、支遁（支道林）、于法開，以及從天竺來的竺道潛、竺法汰、竺僧敷等等。

列出這些名字，可以很清楚顯現出，中國出現了許多外來的思想家。從西方來的外族人口愈來愈容易進入中國境內，這也正是後來釀成「五胡亂華」同樣的時代潮流力量。此外，這時的般若學家中還有釋道安、釋道立、釋慧遠等等。這樣的名字告訴我們，他們是出家人，表示此時的中國也有著名的出家人了。

這其中最重要的是釋慧遠（西元三三四年—四一六年）。他既是般若學的專家，也是建立中國寺院制度的關鍵人物。佛教從魏晉時期專注於格義講經，發展到南北朝時期的多元巨大勢力，釋慧遠正是這個轉捩點上的重要人物。格義時期重理解的風格，到了南北朝便加入對於修行的強調。這時候的修行不是個人的，而是集體的，也就是以寺院裡集體出家生活為主。

魏晉時期寺院少有發展，但到了南北朝，寺院變得愈來愈重要，而且不只在佛教內部，進而在中國社會都發揮了重大的影響。寺院的興起，一來為人們提供了在知識論辯之外接近佛教的另一個管道，二來更重要的，寺院的集體生活及其對戒律的規範要求，在中國境內開創出另一種生活的可能性。

出家嚴重違背了中國社會最根本的倫常價值，是最難被接受的，連帶使得寺院機構發展得較遲。然而一旦寺院建立起來，就在亂世中提供了一種另類選擇——人可以維持團體生活，但這個團體與家庭無關，而且是反對家庭的。南北朝以降，寺院進一步發展出寺院經濟，對中古中國的經濟與社會產生了極大的影響。

第四講

南朝的興衰沉浮

01 南北朝：線性朝代史架構下的特殊例外

中國傳統的朝代史架構中，朝代既有政權單位的意義，也有時間單位的意義。例如，漢代是一個連續的劉家政權，同時也指涉了橫跨大約四百年的那段時間；明代是從明太祖一路傳承到崇禎皇帝的朱家政權，同時也指涉了從西元一三六八年到一六四四年的這段時間。

這兩種意義不完全一樣，有時甚至會有衝突。「魏晉南北朝」的說法就顯現了這樣的衝突。「魏」是一個政權，「晉」是一個政權，「南北朝」卻是好幾個政權彼此重疊集合在一起的，毋寧指的是一個時代。

「南北朝」的概念，源自唐代李延壽所寫的《南史》、《北史》。我們必須感謝李延壽，《南史》和《北史》最大的特色就在於南北並重，現實地承認了南北政治分裂的事實，這和後世的「正統史觀」，即一定要建構一條單一的朝代更替線的做法很不一樣。

南北朝時南北不僅分治，而且對立。北人習慣稱南人為「島夷」，南人則稱北人為「索虜」，當然都不是什麼好聽的名詞。線性的朝代史架構，很容易便取消了這種複雜的政治、文化並存和競爭的現象。《不一樣的中國史》第一冊也提過，在歷史事實中，夏、商、周是三個不同地域發展出來的文明，在時間上互有重疊，但後來納入了朝代史架構中，夏、商、周就被改變為先後相續的概念，失去了空間分配的性質。以至於要等到兩三千年後，才能藉著考古發掘的成果，重建這段歷史記憶。

在朝代史觀強烈的線性時間觀念下，南北朝明確的空間並列，成了極為特殊的例外。而讓這段時期在理解上更加複雜的，是除了南北朝之外，還有「五胡十六國」。這是從北魏崔鴻的《十六國春秋》傳留下來的說法。「國」和「朝」是有區別、對比的：「國」的概念延續自上古封建時代，那是複數並列的；而「朝」則是單數，是統轄全幅全境的概念。

南北朝則表示了連「朝」都不再是單數的，而是有南有北，而且除了這已經是複數的「朝」之外，還有許多分立、錯落的「國」。其實「南北朝」再加上「十六國」，都還不足以完整顯現當時政治上的混亂狀況。例如，鮮卑拓跋氏建立的北魏，既是「國」，也是「朝」。這個政權曾經是北方先後林立的諸「國」之一，後來擴張、統一了北方，成為主要的「北朝」政權之一。

面對這樣的歷史情境，我們要有基本的認知，那就是簡單的歷史架構絕對無法幫助我們掌握這個時代的實際情況。不論用什麼方式整理，都一定會出現無法方便分類的諸多例外。

02 肯定非常個性，誇張而無節制的時代

對應於在此之前和在此之後的中國歷史，中國的基本文化形態在這段時期也是個明顯的例外。表現得最突出的就是——這是一個相對誇張而無節制的時代。

誇張無節制的風格，顯現在人的行為上。前面介紹過劉劭的《人物志》，全書最重要的內容就是討論「偏材」，反映出這個時代中值得被看見、值得被記錄、值得被模仿的人。這樣的人和之前、之後的時代都不一樣，不是中正平和的人，而是在能力和性格上有所集中、偏倚的人。《世說新語》之所以成為一本空前絕後的奇書，正在於收錄的都是這種偏材的示範。

這是中國歷史上少數肯定人的非常個性、非常行為的時代。在此之前，春秋也曾是個看重獨特人格的時代，不過在周文化的影響下，春秋時期畢竟還是講究人的中正和平教養，典型王官學教育下的理想人物，仍然是符合「禮」的規範的。

而在魏晉南北朝，普遍的典範不再居於核心地位。從實然面看，這個時代出了好多偏材，他們做了好多稀奇古怪、非比尋常的事；不過更重要的，從應然面看，這樣的人做出這樣的行為，被認為是值得記錄、值得彰顯的，這就使得這些人、這些行為取得了極高的能見度，而不是把他們趕到邊緣，進而被忽略、被遺忘。

有意思的是，用來記錄這些奇言怪行的文字，本身也呈現出同樣的誇張無節制的風格。六朝文學遠比之前的漢代文學來得華麗鋪張，在修辭上明顯出現了對於「語不驚人死不休」效果的追求。行為上的誇張無節制，也就進一步和修辭上的誇張無節制彼此加強、互相纏繞。這個時代留下了許多誇張行為的記錄，用傳統中國價值觀讀來，會覺得很不習慣，而且很難判斷其真假。然而不論行為本身是真是假，這種誇張、無節制的風格，卻是這個時代再真實不過的歷史個性。

說到統治者和社會脫節，直到今天我們立刻會想起晉惠帝的名言：「何不食肉糜？」百姓餓肚子沒有飯吃，皇帝問的竟然是：「沒飯吃？那幹嘛不吃肉粥？吃肉粥不也可以吃飽嗎？」這夠荒唐、夠誇張吧？

說到奢侈，很多人心中立即浮上的名字裡，一定會有石崇吧？尤其是石崇和王愷鬥富的一連串故事，千百年來一直是中國文化意識中非常重要的負面教材。事實上，很多六朝人物與六朝故事都是以荒唐、負面教材的形式在中國社會中流傳的。根本原因就在於，六朝整體的時代價值觀和之前、之後的時代如此相異。六朝的歷史記錄中，有空前聰明的人、有極其廉潔的人、有最英勇的人等等，但更多的是最愚蠢的人、最邪惡的人、最浮誇的人、最放誕與瘋狂的人……

03 司馬家皇族操戈的八王之亂

司馬家篡奪了曹家的政權，又征服了吳，結束三國而建立晉。統一局勢形成後沒多久，晉的政權就出現了嚴重的問題。傳統史書將問題主要歸咎於晉惠帝（西元二九〇年—三〇七年在位）的愚蠢荒唐，缺乏當皇帝所需的基本判斷能力。晉惠帝的無能，對應他的皇后賈南風的強悍，許多政事決策實質上出於賈后之手。

不過，除了皇帝、皇后的個人因素之外，絕對不容忽視的是皇族與世族之間的關係。惠帝代表的是司馬姓的皇族，那賈后呢？她出身於從東漢就一路累積勢力的傳統世族，所以在宮廷裡能有那麼大的影響力。

惠帝宮廷中所發生的事，必須透過世族的結構與邏輯來理解。賈后沒有生子，立為太子的是另一名侍妾所生的兒子司馬遹。太子親生母親的家族很明白宮廷裡的政治現實，知道大權其實掌握在賈后手中，為了進一步拉攏賈后，就想盡辦法安排讓太子娶韓壽的女兒為妻。這樁婚姻的重點不在韓壽，而在韓壽的夫人賈午，她是賈后的親妹妹。

然而這樁婚姻進行過程中發生了許多波折，牽涉到許多陰謀與流言，最終在複雜的宮廷鬥爭環境中，太子家弄巧成拙，反而惹怒了賈后，後來賈后不只廢了太子，還把他殺了。而在此之前，賈后為了獨攬政權，剷除楊太后家族勢力，將汝南王司馬亮和楚王司馬瑋涉入政變之中，後來這兩人一一被殺，就已引發了亂局的開端。

原本就懷抱野心的趙王司馬倫，又以賈后謀害太子的事件為由，進宮發動政變，先廢後殺了賈后，同時挾持了惠帝。接著淮南王司馬允又聲稱站在惠帝和賈后這邊，發兵討伐司馬倫。各擁武力的司馬倫和司馬允一番對戰下來，司馬倫贏了，趁著勝利，他乾脆廢了惠帝，自立為皇帝。這是亂局的第二階段。

司馬倫登基之後，大權主要落在他身邊的孫秀手中。孫秀的族人孫恩、孫恩的妹夫盧循，他們是「天師道」的重要人物，東晉時曾據有龐大勢力。孫秀或許也因為和「天師道」的關係，得以在司馬倫身邊擁有那麼大的影響力。孫秀大權獨攬，引起了齊王司馬冏、成都王司馬穎和河間王司馬顒的不滿，三人聯合起來反對司馬倫。他們聯合的勢力超過司馬倫，最終殺了司馬倫和孫秀，讓惠帝重新復位。這是亂局的第三階段，主要的政治權力換到了司馬冏手上。

司馬冏掌權後，接下來又引發了原本身為同盟者的司馬顒反彈。於是司馬顒聯絡當時在京城的長沙王司馬乂，要討伐在他眼中專權跋扈的司馬冏。司馬顒的盤算是，長沙王人在京城，手中沒有重兵，若兩人聯合挑釁司馬冏，司馬冏一定會先對付司馬乂。待司馬乂被殺後，他就能以此為藉口，號召成都王或東海王共同起兵。

不料，司馬乂的本事遠超過司馬顒的預期，他竟然成功地藉由政治運作，以惠帝的名義除掉了司馬冏，將大權轉到自己手中。這是亂局的第四階段。

這樣的變化，當然讓司馬顒很難接受，於是他聯絡司馬穎共同討伐司馬乂。這第四階段的爭鬥使得洛陽大亂，於是東海王司馬越帶兵進京，殺了司馬乂。

然後進入由司馬顒、司馬穎和司馬越三股勢力混戰的第五階段，最後是司馬越取得勝利，在過程中他毒殺了惠帝，另立晉懷帝（西元三〇七年—三一三年在位）。這就是所謂的「八王之亂」。

04 非漢人外族武力趁亂入主中原

「八王之亂」說明了：其實自漢末之後，中國並沒有真正進入穩定統一的時代。儘管從朝代史的角度看，西晉結束了三國分裂狀態，但西晉的統一根本沒有維持幾年，就立刻陷入另一波的戰亂分裂。

八王之亂在歷史上留下的最深刻影響，是司馬穎從成都入洛陽時招來了匈奴的軍隊。他所招引的匈奴領袖中，有一個是劉淵，劉淵很快就不受司馬家任何勢力的節制，自立為「漢王」。同一時間，在四川又有氐人李雄自立為「成都王」。他們不僅不是司馬家的王，甚至不是漢人血統，這就開啟了「五胡亂華」的新局面。

「五胡」中的匈奴，指的其實是東漢時分裂出來的南匈奴，他們已經南下進入今天的山西境內。匈奴分裂時，北匈奴往西邊移動，原本的地盤就由東邊過來的新的民族占據，那就是鮮卑。鮮卑源自東北，趁著北匈奴西遷，很快進入北匈奴空出來的草原地帶。鮮卑藉由這塊空間，有三大支派在草原上得以拓展，他們分別是拓跋氏、宇文氏和慕容氏。

另外，還有「羯」，是南匈奴的一個分支，居住地範圍也差不多。「氐」在四川西邊，「羌」則是分布在更西南的一支古老部族。

八王之亂後，有規模進入中原的，首先是匈奴，然後是氐，再來是鮮卑慕容氏。不要因為看到匈奴名列其上，就被誤導了，以為「五胡」是從北方大漠來的游牧民族。這裡的匈奴是當年早已內附的南匈奴，經過東漢一朝，他們的生產轉型為有相當基礎的農牧混合經濟型態。匈奴和氐最早進入中原地區，已經與漢人混居了一段時間。他們並不是因為邊防空虛而進入中原的，在因果上反而倒過來，他們原本是為漢人防守北方邊境的，他們南移才造成邊防空虛，誘使更北方的鮮卑族連動入侵。

八王之亂最重要的歷史意義，不在於王室兄弟的一陣混戰，而在於亂中援引了非漢人的外族武力。先是司馬越控制不住劉淵，接著羯族的石勒也不受節制，終究西晉亡於劉淵、劉聰這支匈奴勢力手中。

「八王」之後，上場的是琅邪王司馬睿。司馬睿原本和司馬越結盟，司馬越取得大權時派他到南方經營揚州、建康，因而西晉結束時，司馬睿才有條件在南方重建王朝。司馬睿即帝位，為東晉第一位皇帝晉元帝（西元三一七年—三二三年在位）。

漢朝分為西漢、東漢，晉也分西晉、東晉，名稱雖然相似，實際情況卻大不相同。東晉統治的區域大幅減少，而且更重要的，東晉的搬遷其實是往南方走，所以更精確的名稱應該是「南晉」而非「東晉」。東晉政權地處南方，北方則讓給了不同的外族勢力占據。

05 偏安江南，「王與馬共天下」

東晉實質往南遷，避居南方，然而甚至連南方都無法全面控制。東晉之所以選擇落腳在東邊的建康，另一個理由是司馬睿只找到統治長江下游的辦法，對長江中上游卻無法掌握。

司馬睿能在建康即位，主要是得到了王導的協助。王導找了當時「江左大姓」中最有勢力的顧榮，聯合起來支持司馬睿的政權。東晉在長江下游建國，依賴的是原本三國時代吳國經營的成果。王導代表「江北大姓」，帶著資源和勢力隨司馬家南下，又連結已經在江南經營一段時間的「江左大姓」，才有足夠的條件讓這個新政權站穩腳跟。

因而東晉的南方政權，從一開始就和世族密切結合，靠著江北、江南世族的支撐，這個政權才站得起來。

不過他們能有效控制的還只是長江下游，長江中上游又有不同的狀況。長江中上游最主要的區域就是荊州，而從漢末劉表以來，荊州一直是各方必須爭取拉攏的關鍵之地。東晉成立時，在江淮之間最有勢力的人是祖逖。

長江下游的情況是，北方大姓世族帶著大批從土地游離出來的人口，渡江來到南方，在南方建立莊園，基本上朝向移居的生活型態。此時南方和北方是隔絕的，最重要的互動是西元三八三年前秦苻堅率領大軍南下，在淝水被謝玄的「北府兵」阻擋住（史稱「淝水之役」），更形確立了南北對峙的格局。

但在長江中上游的情況是，外族勢力進入華北後，漢人在大亂中建立塢堡以自守，他們就算離開家鄉南遷，都還是抱持著想辦法北伐回去的念頭。曾一度收復黃河以南土地的祖逖，五十六歲時去世，軍隊改由弟弟祖約帶領，後來祖約和蘇峻聯手叛亂，其勢力被晉成帝消滅後北逃了。關鍵不在於祖逖效忠東晉，到他弟弟祖約就改變態度叛變了；而在於東晉政權從來不支持中上游勢力的北伐行動，他們原來拿祖逖沒辦法，等祖逖死後，便找機會收拾祖約。

這裡牽涉到長江下游與中上游勢力對於南遷態度的衝突。下游建立的東晉政權實質主導者是世族，當時號稱「王與馬共天下」，「王」指的是王導、王敦家族，排在後面的「馬」才是皇帝所屬的司馬家。

東晉的主要兵力不在「馬」而在「王」的控制下。晉元帝一度曾經試圖削弱王敦的勢力，派了甘卓和周札去對付王敦，然而王敦輕易便殺了甘卓、趕走了周札。晉元帝死後，他的兒子明帝繼位（西元三二三年—三二五年在位）。明帝時王敦病重，他在病榻前和幕僚商討未來局面該怎麼辦，他們提出來認真思考的兩個選項是：第一，立即讓軍隊直搗建康；第二，將軍權交給他的堂兄弟王導。這意味著要嘛就在王敦死前將司馬家的天下搶過來，改由王家當皇帝；不然就將未來留給王導做決定。

透過這件事，我們就能明白：為什麼要說「王與馬共天下」，是「王」在「馬」前，以及王敦對自己在晉朝的權力認知是什麼了。

06 東晉內部兩支目標相異的軍事力量

不只王敦，後來整個南朝都是如此，世族擁有比皇帝更高的地位。一來皇帝的政權合法性很薄弱，二來皇帝旁邊圍繞著日益強大的世族，不論是經濟或軍事實力，世族往往都比皇帝來得堅強。王敦採取了敵對司馬家的軍事行動，事件結束後，司馬家仍然必須敬重王導，不能拿他們王家如何。

六朝的皇帝必須和這些世族周旋，當他們的共主，在世族間折衝，卻不可能和世族集體為敵，更沒有能力控制所有的世族勢力。梁朝時，侯景投降梁武帝，他主要的願望是提高自己在南朝的地位。要提高地位，想的可不是得到朝廷裡的什麼高官，而是能夠和世族聯姻。聽到侯景的願望，梁武帝直接告訴他：「我會幫忙，但你可別想一下子就高攀王家、謝家，讓我們從朱家、張家以下來試試看。」

從東晉到南朝，這類故事太多了，皇帝換了一位又一位，甚至王朝也是換了一個又一個，世族卻一直都在，屹立不搖。

長江下游的政權最先掌握在王家手中，不久之後謝家崛起，代表人物是謝安和謝玄。他們最大的功績是辦練北府兵，成功地在淝水阻擋了苻堅。不過，淝水之戰過後，北府兵的實際帶兵工作，從謝家世族手中轉到了專業軍人手上，如劉牢之、劉毅，再到劉裕。

長江中上游呢？祖約的叛亂平定後，陶侃的勢力興起，然後又由桓溫接收了陶侃的勢力。桓溫之後有其弟桓沖，桓沖之後則是殷仲堪，殷仲堪之後又有桓玄。

也就是說，東晉時南方存在著兩支各有傳承的不同軍事力量，而且這兩支軍事力量的組成性質及存在目的都很不一樣。長江中上游的勢力由寒門陶侃、二等世族桓溫等領導，他們的目標是積極北伐。下游的勢力則主要服務上等世族的要求，沒有北伐的企圖，而是將兵力用在保持南方安全，以及維持南方秩序的目的上。下游的勢力不只自身不求北伐，還會刻意反對、牽制中上游的北伐行動。

長江下游的北府兵系，從頭到尾有過北伐念頭的大約只有殷浩；而長江中上游則大不相同，祖逖多次率兵渡江，後來桓溫也多次主動對北方發動攻擊。下游的世族南渡之後，很快便融入莊園經濟與名士生活型態中，他們的利益基礎都在南方。相對地，荊州雖然也算富庶，卻沒有發展出莊園經濟，而且這些來到荊州的宗族和北方依然保持聯繫，他們持續掌握北方的變化訊息，看到北方胡人政權來去變動不居，始終維持著恢復北方的希望與企圖。

在東晉，這兩股勢力一直都處於緊張關係中，直到劉裕才首度連結、融合了這兩塊版圖。劉裕出身北府兵，從京口練兵，後來承接了北府兵的指揮權。劉裕不是世族，沒有世族在南方既得利益的立場，抱持著北伐的態度。他掌握北府兵之後，先是打敗了桓玄的篡逆，將勢力往長江中上游延伸，接著又平定了盧循之亂。北伐戰果也很豐碩，先是消滅南燕，繼而攻打洛陽，西元四一七年甚至帶兵打進長安。

不過他沒有在北方待下來，很快又帶兵回到南方。因為他清楚知道，他在南方的勢力基礎還不夠穩定，無法支應他進一步在北方發展。

07 劉裕行土斷、砸琥珀，看皇權和世族的關係

劉裕從長安回到南方，最主要的作為是推動「土斷」。在他之前，桓溫進行過一次土斷，卻以失敗收場。桓溫會失敗，就因為土斷明顯傷害世族的利益，遭到世族的反對、反撲。

什麼是「土斷」？這就要先從「黃籍」和「白籍」的分別解釋起。從西晉到東晉，北方的世族舉族南下，也就是不只家人和親戚，連門客、部曲都一併遷徙。抵達南方之後，他們作為臨時居戶，有另外不同的戶籍登記方式，稱為「白籍」，和原本就在南方定居的「黃籍」居戶區別開來。「黃」與「白」指的是戶籍登錄所用的材料不同，「黃籍」用的是舊式竹簡，「白籍」則寫在新製的紙張上，因而明顯有著顏色的區分。

「白籍」的臨時人口是逃難來的，然而他們勢力龐大，朝廷一時無法按照既有規章管理他們。他們以自身的集體資源與力量，圈畫出莊園來經營過活，快速取得了經濟上的自主地位。因為他們的臨時寄居身分，算是逃難來投奔的，朝廷暫時不會對他們徵收賦稅，於是「白籍」自然地就成為一種特權身分，實際上是朝廷稅收與徭役徵調的黑洞。而且這個洞會愈變愈大，當有人活不下去了，或是想要逃避朝廷賦稅，就可以選擇投奔這些「白籍」特權門第，成為他們的門客或部曲。

土斷最簡單的解釋就是「黃白合一」，取消「白籍」的賦稅特權，讓「白籍」都加入「黃籍」。顯而易見，這樣的做法傷害到世族的利益，在他們的集體反對下，桓溫試過一次，失敗了；劉裕再接再厲，也只取得成敗參半的結果。

推行「土斷」使得劉裕和世族的關係緊張。劉裕掌握了東晉的政治與軍事大權，實質上立了兩位皇帝，又廢了兩位皇帝，最後自立為皇帝，建立新的朝代，也就是南朝宋的開國之君宋武帝（西元四二〇年—四二二年在位）。

劉裕當初北伐後秦時，寧州地方官送給他一件貴重的禮物，是個琥珀的枕頭。想想琥珀要能當枕頭，那得有多大一塊！劉裕當時正要帶兵北伐，他知道琥珀有治金創傷的功能，於是下令將那一大塊琥珀枕打碎，每名部將可以分到一小塊，再各自拿去磨成粉，帶在身上以備戰場上不時之需。

居高位者做這樣的事，看在世族眼中，可真是天大的笑話啊！是什麼樣的土包子不了解琥珀的價值，不知道那麼大的琥珀有多難得，竟然拿去磨成價值低廉的藥粉！世族的奢靡，一方面是他們有財富條件可以揮霍，但更重要的，另一方面是他們需要用這樣的誇張行為來標示身分，和其他人區隔開來，顯然，他們甚至也和不懂得琥珀價值的劉裕區隔開來，取得了睥睨、譏嘲當權者的高度。

關於世族對待皇帝的態度，《宋書．蔡廓傳附子興宗傳》中記錄過宋文帝劉義隆（西元四二四年—四五三年在位）之事：

……中書舍人王弘為太祖所愛遇，上謂曰：「卿欲作士人，得就王球坐，乃當判耳。殷、劉並雜，無所知也。若往詣球，可稱旨就席。」球舉扇曰：「若不得爾。」弘還，依事啟聞，帝曰：「我便無如此何。」

在宮中服務的中書舍人王弘很受宋文帝賞識，和皇帝很親近，皇帝特別叮囑他：「你如果想要提升自己的地位，加入士人的行列，必須結交一位關鍵人物，就是王球，世族王家的代表人物。你能去王球家裡拜訪，在他那裡坐下來，那才算成功。至於跟姓殷的、姓劉的混，沒有用啦！」皇帝自己姓劉，卻明白王家、謝家才是真正身分判別的決定者。另外，大概因為王弘也姓王，如果能混入王球家，會被錯覺為王家的一分子，地位立刻就能大幅提高。皇帝真的很照顧王弘，又說：「去王球家，你就說皇帝要他讓你得有一席之地，可以入座。」

王弘真的去了，真的跟王球那樣說了，得到的反應卻是王球不屑地揮著扇子說：「你少跟我來這套，沒這種事。」王弘受辱，回來向皇帝告狀。皇帝沒有生氣，只是搖頭嘆氣說：「那我也沒辦法了。」對於像王球這樣的大世族，皇帝哪有資格把人硬塞到他家來作客呢？

08 齊高帝重用寒門，梁武帝駁斥賀琛

劉裕死後，帝位傳給了少帝劉義符（西元四二二年—四二四年在位），但兩年後就被徐羨之、傅亮等人聯手廢掉。依照兄弟排行，在劉義符之後應該由劉義真繼位，但劉義真和當時的世族名士交往密切，與謝靈運、顏延之和名僧慧琳都是好友，因而遭到徐羨之等人嫉恨，絕對不願意讓他當皇帝，索性將他殺了。

劉義符死時十九歲，劉義真更可憐，死時只有十八歲。那個時代的皇帝真不好當啊，一邊有一起打天下的部將及其軍事勢力，另一邊有根深柢固的世族利益，皇帝夾在中間，必須妥善處理兩邊關係，稍有不慎，甚至會惹來殺身之禍。

劉裕創建的南朝宋，傳四世之後就被蕭道成篡位了。建立南朝齊的齊高帝蕭道成（西元四七九年—四八二年在位），他的出身比劉裕高，來自次等世族，取得政權後，便有意識地將地位比他高的大世族盡量排除在外。他是南朝中第一位明確重用「寒門」的皇帝，拉了許多沒有世族背景的人進入朝廷。

後來的史書對蕭道成沒有太高的評價，尤其凸顯他身邊圍繞著許多佞倖小人。不過仔細考察內容，就知道這些人被評為小人，很大一部分與他們的寒門出身有關。例如，對於蕭道成重用的

「倖臣」劉係宗，後來齊明帝蕭鸞就曾明白表示：「學士不堪治國，唯大讀書耳。」（《南齊書．倖臣列傳》）意思是那些有學問、有條件累積學問的大世族人家，能力上不適合治國。接著這話後面還誇張地補了一句：「一劉係宗足持如此輩五百人。」在治國能力上，一個劉係宗就可以抵他們五百個！

蕭道成重用的劉係宗、紀僧真都是寒門身分，他自己又表現出對世族的輕蔑，當然造成了世族和皇帝之間的緊張關係。最終有權利寫史書的，畢竟還是抱持著強烈世族優越感的人，他們下筆時當然不會對蕭道成和他身邊的人留情。

蕭道成會重用寒門，一部分理由也是因為到了這時候，世族愈來愈無心於朝政，只專注地過他們的好生活，關心玄理討論遠勝過現實公共事務。王敦還實際主持政事，而花時間費力氣練北府兵的謝玄、謝安，到後期也逐漸疏遠日常政治運作了。接著每況愈下，世族愈來愈清高，也就愈來愈不願實際參與政事，於是表面上的高官都是世族，實際上的工作卻都由寒門承擔。也因此蕭道成有意提拔寒門，進一步使得世族在政治上的影響力下降。

南朝齊只存在了短短二十四年，就被蕭衍篡奪了。蕭衍和蕭道成其實屬同一個宗族，但他即位後刻意將朝代名稱改為梁（西元五〇二年—五五七年）。蕭衍，也就是梁武帝，是南朝在位時間最長的一位皇帝，在位長達四十八年。

梁武帝在位時，有一名朝臣賀琛寫了一份陳政事疏，指出朝政的四大問題，排在第一的是「貴族部曲」，貴族家有那麼多部曲，國家負擔不起。第二個問題是奢侈風氣，大家都以浮華相誇。第三個問題是皇帝身邊圍繞著很多小人。第四個問題是政治體制中充斥著冗官。

四大問題中，至少有三個與世族有關。世族才會有部曲，這些人都不用向朝廷納稅服役，造成國家財政問題。也只有世族才會表現奢侈行為，變本加厲地以此來炫耀自己的財富與地位。另外，冗官是怎麼來的？不就是世族占據了大量的「清官」位子，光做官不做事？

看了賀琛的密奏陳述，梁武帝如何反應？他勃然大怒，對賀琛說：「你別空口說白話，這四件事，你每一件都好好講清楚！哪些貴族擁有多少部曲？誰犯了奢侈的毛病，做了什麼樣的奢侈行為？我身邊誰是小人？還有，哪些人是冗官？你都舉出證據來！」皇帝如此反應，賀琛有辦法招架嗎？只好乖乖地將奏章撤回。

梁武帝是打天下的皇帝，開國之後還在位四十八年，顯見他既有野心、也有能力與才幹，但他還是不敢得罪世族，用這種方式逼著賀琛閉嘴。他以皇帝之尊，針對這四大問題發表了一篇敕書，表示他多麼重視這件事可能造成世族的不滿，一定要想辦法平息爭端。

09 陳朝：南方人成立的南方政權

梁武帝在位期間最有名的事，就是極度熱衷於佛教。他在大通年間耗資大修同泰寺，還特意在皇宮後面別開一門，直對佛寺的南門，稱為大通門，又將「大通」反著讀，所以叫做「同泰」寺，並詔令改普通八年為大通元年。之後他曾經四度捨身入這座自己修建的同泰寺，再用朝廷的資源替自己贖身，等於變相地大筆捐輸給佛寺。

對於梁武帝這種行為，傳統上會簡單解釋為他對佛教信仰的狂熱，然而放回當時的政治經濟架構中，梁武帝很可能另有以寺院經濟和世族財富對抗的動機。史料中顯現出來的梁武帝，長期抱持著野心，卻苦於沒有足夠的資源來實現。所以當他知道北魏發生了爾朱榮之亂（西元五二八年），心中便燃起北伐擴張之意，想要趁機有所作為。他派陳慶之帶領的軍隊一度在戰場上有所斬獲，但終究還是敗給了爾朱榮。

爾朱榮之後，又有侯景之亂（西元五四八年）。侯景從東魏高澄的陣營叛逃，投奔南梁，梁武帝希望藉侯景之力北伐，給予侯景很高的待遇。然而北伐的軍事行動不順利，在和東魏的戰事中，貞陽侯蕭淵明被俘。為了救回蕭淵明，南梁和東魏談判，過程中引發了侯景的恐慌，擔心梁武帝要用他來交換蕭淵明。侯景勸梁武帝不要講和，梁武帝不聽，侯景憤而說：「我知吳兒老公薄心腸！」你們這些南方老頭都沒良心啊！於是帶領自己的軍隊叛變，轉而攻打梁朝。

梁朝當時內部的情況不堪一擊，很快地侯景就帶兵打入建康，梁武帝被困餓死。侯景立過幾個蕭家後裔當魁儡皇帝，最終決定自己登基。然而以侯景的出身，要在南朝當皇帝太困難了！皇帝要登基，左僕射來問他立「七廟」之事，也就是要追奉前面七代的祖先。侯景的回答是：「我只知道我父親叫侯標，其他再往前的就都不知道了！」還好，有別人知道侯景的祖父叫侯周，七廟中有兩廟算是確定了，其他五廟呢？只好委託官員自己想辦法了。

南朝的世族多麼重視禮學，那是世族內部最主要的維繫力量。侯景卻連天子七廟都沒有基本條件可以建立，消息傳了出去，他連取得世族表面的支持都做不到。

接下來興起的是陳霸先，他帶領軍隊打敗了侯景，之後立蕭方智為敬帝，兩年後敬帝禪位，陳霸先建立了南朝陳（西元五五七年—五八九年）。南朝陳有其特殊的歷史意義，前面三個朝代宋、齊、梁，雖然都在分裂狀態下立於南方，然而劉裕、蕭道成、蕭衍都是從北方來的人。陳霸先是吳興人，是真正的南方人，建立了一個由南方人成立的南方政權。

正因為他是南方人，卻非南方世族出身，也就和北方遷移來的僑姓大族沒有淵源，於是世族對皇朝的支持更顯薄弱。陳朝是南朝中疆域最小的，意味著政權南移經過了很長的時間，足以出現純南方的朝廷與朝政。然而這段期間裡，南朝卻始終無法解決北方大姓帶來的問題，包括他們掌控的政權合法性，以及龐大的人口和經濟利益。純南方的政權出現，促成了北來的結構瓦解，陳霸先的崛起預示了「六朝」的終結。

10 世族才是六朝歷史中最醒目的現象

有一句成語叫做「六朝金粉」，失去了大半江山、偏處南方的「六朝」，為什麼會有「金粉」的華麗形象？這不是矛盾嗎？「六朝」的「金粉」主要來自世族，王朝政治的動盪、分裂、頹敗、瓦解，都不曾真正影響世族的經濟與社會勢力。王朝來來去去，皇帝上上下下，但世族一直都在，而且一直享受著財富與權力集中的生活。

世族彼此之間形成了嚴密的階層結構，屬於世族內部的人，都知道自己的郡望、姓氏排在什麼位子，也知道自己的莊園是怎樣的等級、怎樣的規模。換句話說，有明確的規範管轄世族之間的互動，也就可以讓世族形成一個嚴整的結構。因而世族結構整體不容易被分別擊破，他們有著牢固的社會基礎。

不過世族雖然有部曲，但僅止於莊園自衛，並沒有真正的軍隊武力。有武力的是皇帝，皇帝憑藉著軍事力量取得政權，然而皇帝要養軍隊、運作朝政，必須依靠世族協助配合；甚至皇帝需要多一點軍隊時，也要依靠世族動員部曲配合。

莊園裡的大批人員，不在朝廷的戶籍之中，也就在朝廷的掌控之外。不管是要取得他們的生產成果，還是要動員他們，都只能透過世族，先取得世族的同意與支持。

這些世族——而非皇帝、朝廷，當然更不是一般平民百姓——才是「六朝」歷史中最醒目的現象，所以才會顯現出「金粉」的華麗光澤來。

第五講

門第、僑姓與六朝經濟

01 北方的農業殘破與大倒退

理解魏晉南北朝歷史的關鍵在於門第貴族，而門第貴族有其堅實的經濟基礎。在時代的特殊變化下，這時期出現了新的經濟狀況，發展出莊園生產制度。莊園經濟支撐了門第，讓貴族勢力得以在這幾百年間不輕易受到君主、朝廷的權力左右。

漢末以降，中國經濟上最大的變動出現在北方，就是淮河以北的農業殘破與大倒退。倒退的程度很驚人，而倒退的理由倒是很簡單，主要就是長年的戰亂。《三國志．魏書》記載，在魏文帝（西元二二〇年—二二六年在位）時，也就是董卓帶兵進入洛陽（西元一八九年）造成第一次大騷亂之後大約三十年，朝廷設立了「洛陽典農」。

這是原本沒有的官職，透過《三國志．魏書．王昶傳》，我們可以明確知道這個新官負責什麼樣的事。因為「時都畿樹木成林」，東漢首要的大都城這時到處都是大樹，簡直變成一座大森林，所以需要「斫開荒萊」，招募民眾開荒、闢荒，進行農業生產。這是「洛陽典農」的工作。

三十多年時間，洛陽不僅不再是座繁華的都市，甚至淪落到空無人煙，需要特別的政策與官守來推動，讓人們願意進入這原本的都會區中進行農業生產。

比魏文帝稍晚的魏明帝（西元二二六年—二三九年在位），在滎陽附近圈了一個園子，下令保護園區內的野鹿，不准人捕殺。當時的一位朝臣高柔上奏請求皇帝改變主意，而他提供的理由很有意思。高柔說，皇帝之所以禁止獵殺野鹿，應該是希望透過保護，讓園中鹿隻得以生生不息，不斷增長繁衍，然而皇帝這樣的用心，不可能透過圈園保護來實現。因為這園中不只有鹿，還有虎大小六百頭、狼五百頭、狐一萬頭，圈起來之後，沒有人進入獵殺，這些猛獸終究會將鹿全數吃光吧？

滎陽原本也是座大城，現在竟然不只野鹿成群，依照高柔的說法，甚至有那麼多猛獸橫行其中，那麼可想而知，這裡不會再有人群聚居，應該連基本的農業生產也不可能了吧！滎陽附近地區也必然荒僻已久。

在《不一樣的中國史》第五冊談三國歷史時曾提過，曹操在群雄中脫穎而出，和他開發軍屯有著密切關係。軍屯實際上就是讓流民一邊當兵、一邊種田。不過這樣的屯田制度遇到了一個問題，那就是牛隻不足。東漢的農業技術有突破性發展，用犁深耕是基本的生產要求。「犁」字從「牛」部，指的是以牛拖拉工具來進行，牛的力氣夠大，可以犁得很深，不僅將土壤鬆動，得以涵養更多空氣，而且可以把地底下的氮翻挖出來並蓄積水分。

然而在漢末的環境裡，招來的流民只具備己身的勞動力，怎麼可能擁有牛隻呢？於是要進行屯田，官方就必須養牛，配給屯戶使用。從曹操的軍屯開始便固定養牛，然而到了晉武帝（西元二六六年—二九〇年在位）時，我們看到當時的名臣杜預上疏，談到一個嚴重的問題，竟然是「官牛過剩」。杜預說有高達四萬五千頭的過剩官牛，這些牛甚至「老不穿鼻」。牛隻必須穿鼻才能駕馭、才能下田工作，意思是這些牛一直養在那裡，從來沒有被拉出去勞動過。

杜預的上疏指出了官牛無所用處的現象。為何會如此？因為農業殘破，耕地面積縮小，更重要的是農業技術倒退，回到了單純靠人力耕種的情況，不再需要牛犁深耕了。而杜預在上疏中提出解決問題的建議是，與其讓這些本來應該運用在農業上的牛隻閒置，不如將牛隻用來開發畜牧業。也就是說，原本養牛是手段，是為了創造有利於農業的工具，現在轉型將養牛當作目的，牛隻本身就是收獲。

與其問杜預為什麼如此主張，還不如問：為什麼在杜預提出主張之前，朝廷沒有這樣想、這樣做？因為這些牛都是養在原本的農業地帶，大家仍然認定這些土地應該想辦法開發運用在農業生產上。然而種種條件使得農業的恢復停滯，以至於到晉武帝時，杜預才換了一個思維，不再幻想這些地方還能恢復農業，乾脆發展畜牧業。

也就是說，北方大片地區超過千年的農業基礎瓦解了，退化為畜牧環境。

02 北人南遷：酪的飲食習慣與階層組織

生產上的變化，甚至影響了北方地區的生活方式。從漢末到魏晉，因為農業的倒退，轉而朝畜牧業發展，北方人的飲食習慣也明顯改變了。

《晉書．陸機傳》中有這麼一段故事。陸機是南方人，他去拜訪從北方來的侍中王濟，王濟用羊酪招待陸機，而且好意地問：「在你們南方，有像羊酪這麼好，可以和羊酪相比擬的東西嗎？」陸機的回答是：「如果說得遠些，也就是要比較辛苦得來的，那有蓴羹，是用蓴樹葉煮魚羹。如果不要那麼費工夫，眼前容易取得的，那就有鹹豆豉。」（「千里蓴羹，未下鹽豉。」）羊酪味道那麼濃，所以陸機舉了南方飲食中同樣味道重的東西，但他舉了鹹豆豉，也就表示其實陸機還真不覺得羊酪有多好、多珍貴啊！

另外，在《晉書．陸曄傳》中，提到陸曄的弟弟陸玩，同樣是南方人，也去拜訪一位北方來的朋友王導。王導給陸玩吃了不知是羊酪還是什麼東西，反正是陸玩從來沒吃過的，回家之後陸玩就病倒了。為了此事，陸玩給王導寫了一封信，信上有這樣的句子：「僕雖吳人，幾為傖鬼。」我是南方人啊，卻差點被你們北方的食物害死，變成了北方鬼！

還有，《全晉文》中收錄了一篇晉武帝賜荀勗的詔，文中表達關心，因為皇帝看到荀勗臉色蒼白，似乎身體不太好，就要他多吃乳酪，叫太官（官名，掌皇帝膳食及燕享之事）每天配送乳酪給荀勗。

西晉、東晉更替之際，也就是一般認為的「五胡亂華」初期，北方人已經習慣吃動物性的乳製品了，因而在飲食文化上和南方產生了明顯的差異。這必然和畜牧業的發達有關，由於農地荒廢，缺乏適當的人力投入，於是就轉化為畜牧的空間與場所。

北方農業衰敗的原因之一，是人口的大幅減少。一部分的人死於戰亂，而在持續的戰亂中，出生率和嬰兒存活率也必然下降；還有一部分的人則搬遷離開。從漢末就開始的人口大遷徙，最早是以遊民的形式到處流竄就食。曹魏之後，人口大遷徙的現象依然持續著，但形式上有了變化，轉而以有組織的遷移為主。

有組織的搬遷，靠的就是佃客制，也就是眾人在一個貴族家族的帶領下，從原來的地方遷移到比較安全、比較不受戰亂影響的地方。本來的遊民改變身分成為佃客，得到基本的生活保障，不需要自己想辦法就食，也不需要個別占田開荒。換另一個角度看，這些集體流動的人，不論走到哪裡都需要大塊土地來安置、生產，他們也就有了足夠的力量在陌生的地域占據土地。

從漢末到晉室南遷的長期動盪，使得中國社會形成了相當程度的戰亂準備，逐漸進入一種應對戰亂的體系，包括農業退化為畜牧業，北方的人也習慣以畜牧產品做為主食。這些人並不是從草原來的異族，就只是長期居留在北方的人。

因而當晉室南遷之時，對於這樣的大規模人口遷徙，整個社會其實已經有了一定的組織準備。北人南渡，並沒有發生爭奪土地的嚴重衝突，一方面是因為南方還有夠多的土地，農業開發密度不高；另一方面，整個社會在一百多年間已經累積形成了相當嚴整的階層化組織。

法國人類學家杜蒙（Louis Dumont, 1911-1998）有一本頗具爭議性的名著《階序人》（*Homo Hierarchicus*）[6]，那是一本研究印度種姓制度的書，而且是站在認真理解種姓制度而非批判的立場上。書中說明了人為什麼會接受階層的分配與安排，為什麼底層的賤民階層不反抗，如此嚴格的階層區分發揮了怎樣的社會作用等等。這樣的立場，讀起來當然很像是為種姓制度辯護，認為種姓制度有其內在的道理，不應該用其他例如平等主義的概念來批判。

我們不需要全盤接受《階序人》書中的論點，卻可以藉由杜蒙的解釋，參考並理解六朝的世家貴族制度在戰亂時期所發揮的作用。為什麼晉室南遷之後，沒有帶來嚴重的土地爭奪及相關的社會動盪？部分原因就在於，南遷之前這些世家的階層地位已經存在，明確的階層觀念限制了爭奪的範圍與強度。在具備相對明確的階層組織的情況下，連帶地如此大規模南遷的流動人口，才能在短時間內於南方建立起新的莊園經濟體系。

同樣是人口大量減少，北方和南方的理由卻不太一樣。北方人口變少，是因為死了很多人，逃的人更多，在這大片區域中是真的沒有人了，以至於誘引原本在外圍的異族大舉進入。南方

6　可參考〔法〕路易．杜蒙著，王志明譯，《階序人——卡斯特體系及其衍生現象》一、二冊（臺北：遠流，二〇〇七年）。

呢？南方人口統計上的稀少，往往是因為大量戶口被隱匿在世家貴族中，對朝廷來說這些人等於不存在。

這段時間裡，人口當然有所成長、恢復，尤其是在南方。不過成長的人口絕大部分不在朝廷掌控中，從官方數字上看到的遠少於實際上的。隱匿的人口愈多，也就意味著世家貴族的勢力相較朝廷而言還在繼續擴張。

03 各以貴賤占田，蔭人以為佃客

「占田」因而是這個時代的主要現象，也就構成了主要問題。朝廷沒有足夠的統治能力處理所有的荒地，無法真正掌握誰來了、誰走了，卻也不能完全放棄對土地的管轄。《晉書．食貨志》裡就記錄了晉平定吳之後所宣布的「占田令」：

又制戶調之式……男子一人占田七十畝，女子三十畝。其外丁男課田五十畝，丁女二十畝，……其官品第一至於第九，各以貴賤占田，品第一者占五十頃，第二品四十五頃，第三品四十頃，第四品三十五頃，第五品三十頃，第六品二十五頃，第七品二十頃，第八品十五頃，第九品十頃。而又各以品之高卑蔭其親屬，多者及九族，少者三世。宗室、國賓、先賢之後及士人子孫亦如之。而又得蔭人以為衣食客及佃客，品第六已上得衣食客三人，第七第八品二人，第九品及舉輦、跡禽、前驅、由基、強弩、司馬、羽林郎、殿中冗從武賁、殿中武賁、持椎斧武騎武賁、持鈒冗從武賁、命中武賁武騎一人。其應有佃客者，官品第一第二者佃客無過五十戶，第三品十戶，第四品七戶，第五品五戶，第六品三戶，第七品二戶，第八品第九品一戶。

這道「占田令」明白宣告，人民可以占田，但有規定的限度。規定的關鍵重點是：官品愈高，朝廷就准許、放任你占用愈多的土地。從第九品的十頃，一直到第一品的五十頃，顯然占田的面積額度很大。

九品准許占有的十頃，相當於一千畝，再對照一般平民，男子可以占田七十畝。從這樣的比例關係，可以看出朝廷對有官品之人的厚待。一個九品官占有的土田相當於十五個平民男子，換句話說，就是假定這個九品官會帶領如此規模的人力隊伍來占據、利用這些土田。

除了允許按官品「各以貴賤占田」之外，詔令還說「又得蔭人以為衣食客及佃客」，意思是有官品之人還可以將一些人納入家戶的私口範圍內，不算在國家的編戶齊民，也就是免除了他們對國家的賦稅和徭役責任。這樣的私口，九品可以有一戶，最高的一品最多可以有五十戶。

這項詔令的要點不在數字，而在其精神。首先，朝廷承認現實，同意有實力的人可以占用土地，同時也試圖將「占田」和朝廷官職體制結合在一起，維繫朝廷對於土地的表面管制。其次，經過戰亂，朝廷的資源經常不足以供給官員原有的薪俸，漢代留下來的五百石、二千石等級名稱，先是成為象徵性的具文，後來甚至逐漸從體制中淡出，由品級名稱所取代。理由很簡單，朝廷付不出五百石、二千石等值的薪俸了。

所以「占田令」同時意味著朝廷改以「占田」、「蔭客」等特權給予官員酬報。朝廷不再是從國庫拿出資源供養官員，而是給予特權讓官員自己占田以累積財富。很明顯地，這樣的朝廷在節制、管理官員的權力上，必然是大打折扣的。

04 壬辰詔書的頒與廢，占田占山成定制

「占田」一旦成為朝廷承認的制度，其範圍與程度就很難控制了。晉成帝咸康二年（西元三三六年），朝廷頒布了一份「壬辰詔書」，上面嚴格規定：「占山護澤，強盜律論。贓一丈以上，皆棄市。」詔書的主旨在於禁止占據山林水澤。「占田」准許百姓和官員占用農地，以恢復

農業生產，但山林與水澤仍被視為公共區域，也就是屬於國家所有。因而如果占田不夠，還要占山、占澤，那就當作強盜論罪，光是占了區區一丈土地，就會處以「棄市」的嚴厲責罰。會有這樣的詔書，表示占山、占澤的情況很普遍。皇帝下了詔書，能夠防堵這樣的行為嗎？答案是不能。「壬辰詔書」頒布一百多年後，到了南朝宋孝武帝大明年間（西元四五七年——四六四年）又頒布了另一道詔令，明確推翻了「壬辰詔書」：

壬辰之制，其禁嚴刻，事既難遵，理與時弛。而占山封水，漸染復滋，更相因仍，便成先業，一朝頓去，易致嗟怨。今更刊革，立制五條。凡是山澤，先常熂爈種養竹木雜果為林，及陂湖江海魚梁鰍鮆場，常加功脩作者，聽不追奪。官品第一第二，聽占山三頃；第三第四品，二頃五十畝；第五第六品，二頃；第七第八品，一頃五十畝；第九品及百姓，一頃。皆依定格，條上貲簿。若先已占山，不得更占；先占闕少，依限占足。若非前條舊業，一不得禁。有犯者，水土一尺以上，並計贓，依常盜律論。停除咸康二年壬辰之科。（《宋書．羊玄保傳》）

詔令中明白表示，「壬辰之科」根本無法執行，光憑一道命令就要人將占據已久的山林水澤交出來，而且還用懲罰的強迫手段，必然民怨四起，使得朝廷難以應接。因而現在要採取不一樣的方法，訂定五條新規定，申明本來就占了的，只要在一定面積範圍內，就不追究了。怎樣才叫沒有超過範圍呢？仍然是依「貴賤」分等，最低的九品和沒有官品的，准許占有一頃；官品最高的一品，可以占到三頃。

還有一項補充規定，依照官品准許占用的山林水澤面積，如果原先沒有占那麼多，這時可以「依限占足」，意思是一品官員如果之前占了一頃的山林水澤，這下子非但本來占的一頃不用歸還，他本人也不必受罰，而且依照額度，還可以再多占兩頃！

這份詔令實質上不只廢止了「壬辰詔書」，而且逆轉了「壬辰詔書」的根本精神，開放占用山林水澤，甚至鼓勵占用。這也顯示出，貴族的占田、占山，已經不是戰亂過後的臨時措施，而是成為政府正式制度的一部分。

占田、占山的情況，在晉室南遷後有了新變數。此時南方的農業耕作方式比北方來得粗放，經常用「火耕水耨」的手段，也就是先將土地上的雜樹林或雜草放一把火燒掉，然後為了避免還有種子重新發芽，也為了將燒成的灰化為養分，就灌水將燒過的土地淹滿，浸泡一段時間後，才開始運用來耕作。

依常識觀之，要放火燒地，一定要在面積相對較大的田地上進行，當時南方很多地區一方面還地廣人稀，另一方面也因為貴族帶著佃客集體占田，占下較廣的土地，所以可以這樣運作。配合南方的耕作方式與耕作條件，於是大面積的莊園種植成為生產上的合理選擇。

05 土地單位的扭曲，蔭客投靠於莊園

兩晉之際，針對計算田地面積方式的改變，傅玄的一份上疏中提供了記錄。他說：「古以步百為畝，今以二百四十步為一畝，所覺過倍。」（《晉書·傅玄傳》）本來百步見方為一畝的算法，到他的那個時代，變成了兩百四十步見方才算一畝。若果真如此，意味著隨著時間推移，一畝田的面積增加到將近六倍之多。

傅玄在上疏中從課稅制度來解釋土地面積單位的改變。以前的為政者輕賦，鼓勵人民在有限的土地上精耕生產，投入更多心血，得到更多收穫，扣除固定需繳交的稅，農民可以替自己保留的收成就愈多。然而後來不斷提高賦稅額，破壞了農民精耕的生產動機。

如果原本固定一畝地收十石的賦稅，農民生產五十石可以留下四十石，增產到一百石就能留下九十石。然而，後來朝廷的做法是不合理地提高賦稅數字，比如一畝收到三十石，農民繼續耕作一畝田，根本就無法支應賦稅。若要繼續耕作、增加收穫量，唯一的方法就是增加耕作面積，但面積增加了，賦稅又會以等比增加！為了活下去，只好隱匿耕作面積，如此導致了實際上的每畝面積愈來愈大。

傅玄上疏的重點，在於為朝廷提供賦稅建議，所以只從賦稅的角度解釋田畝單位面積變大的

現象。但這絕對不是自然、合理的現象，而造成這個現象的原因，比傅玄說的更複雜些，其中就牽涉到晉室南遷後貴族占田的潮流。基於占田面積上的限制，貴族們占田時必然傾向於少報、減報畝數。比如占了二十畝卻只報十畝，進而堅持自己擁有的土地面積只等於十畝；大家都這樣做，集體影響下，使得土地面積單位被扭曲了，同樣單位涵蓋的土地面積愈來愈大。

魏晉以降，人口有組織地流徙，有時多達百戶的佃客一起去到南方，配合南方的粗放耕作風格，為了擴大耕作面積，開始了大規模的封山占澤行為。封山占澤不是個人行為，不是基於單獨個人意志進行的。占下大塊土地後，需要有人耕作、有人居住、有人管理，因而封山占澤和佃客制緊密聯繫在一起。佃客制使得世族能夠帶領大批人力進入新的區域，有充分條件可以開發相對較荒僻的地區，進而占下較廣大的面積。

南朝重要的大莊園多集中在會稽一帶，一方面遠離朝廷所在的政治中心，另一方面也因為那裡有較多的荒地、空地。藉由大量的佃客人力封山占澤後，還需要建立起有效的生產機制；等到生產穩定了，就會有連帶效果，也就是吸引更多的蔭客投入莊園。

蔭客有兩種來源，一種是新近從北方持續遷移過來的流民，這樣的人很難自己找到新的土地開發安居，會傾向於依附在已經成立的莊園裡；另一種是帶有佃客的家族，因為來南方晚了，占田占山的機會相對較少，於是藉由自身的郡望、族姓，選擇投靠已有的莊園勢力。

同樣的原籍，同樣的姓氏，基本上會被視為親族。不過還有更講究的，就從家譜、族譜記錄來認定彼此的關係。自東漢開始，隨著重視大家族的現象，用來存記親屬關係的家譜、族譜也就連帶發展。

前一種零散的流民，隨著時間推移，人數愈來愈少，於是莊園的擴張到後來愈發傾向於藉由後一種方式進行。在原來的莊園之下，依附著相對較小、次級的莊園，彼此保持連結，經過幾十年，才形成了南朝的大莊園。這種大莊園一般都分成好幾個層級，有著複雜的組構。

大莊園必定屬於世家大姓，才能吸引多層的蔭客組織投靠依附。另外，這樣的大姓必須對朝廷政治有足夠的影響力，使得朝廷在各方面，尤其是軍事行動上對他們有所依賴，也就無法對他們的莊園施加限制與進行管轄。

06 從〈山居賦〉看莊園的廣大和自給自足

最著名的大莊園有謝家的莊園，因為出了謝靈運而留下特殊的記錄。《宋書．謝靈運傳》完整收錄了〈山居賦〉，其價值就體現在詳細描述了大莊園的內部景況與運作模式，我們可以從經濟史而非文學史的角度閱讀這篇作品。

《宋書．孔靈符傳》中另有關於孔家莊園的記錄：

靈符家本豐，產業甚廣，又於永興立墅，周回三十三里，水陸地二百六十五頃，含帶二山，又有果園九處。

孔靈符家本來就很富有，擁有龐大的產業，又在永興建了另一座莊園。這座新建的莊園有多大呢？方圓有三十三里，面積有兩百六十五頃。每一頃是一百畝，每一畝百步，粗略計算就知道這座莊園有多大了，其中包括了兩座山頭，還有九座果園。

莊園裡的果園長什麼樣子呢？我們可以參考〈山居賦〉的說法：

北山二園，南山三苑。百果備列，乍近乍遠。羅行布株，迎早候晚。猗蔚溪澗，森疏崖巘。杏壇、㮈園、橘林、栗圃。桃李多品，梨棗殊所。枇杷林檎，帶谷映渚。椹梅流芬於回巒，椑柿被實於長浦。

謝家的莊園也有兩座山頭，分別是北山和南山，裡面還有懸崖、瀑布、小溪、大河、池塘、沼澤。園子裡刻意安排栽種了不同的樹木，在不同季節生產不同的果實，有杏、桃、李、橘、栗、棗、梨、梅、柿，甚至有枇杷、蘋果……。果實結滿時，布滿山谷的形形色色反映在水面上，十分美麗！

光是果園就如此豐碩，可以推想莊園中更基本的穀類生產當然不會有問題。南朝出現的這種莊園，是個在經濟上自給自足的小王國。愈大的莊園就愈能生產所需的一切；倒過來看，為了追求自給自足，莊園所需的面積自然也傾向愈來愈大。而當生產經濟朝向自給自足發展時，也就牽涉到這段時期貨幣的失靈，以及貨幣系統的瓦解。

自給自足的莊園，減少甚至取消了和外界交易的需要。一個動機就在於，交易變得如此困難，在沒有貨幣中介的情況下，不管是買是賣都很麻煩，麻煩到不如乾脆想辦法在莊園範圍內安排所有的生產。缺少什麼，就在莊園內部擴展什麼樣的生產機制。於是莊園愈擴愈大，同時莊園所需的地理條件，最主要是土地的多樣性要求，也就隨之不斷提高。

在這個時期，貨幣使用的狀態幾乎退化到自春秋以來最低的程度。其根本原因是鑄銅的成本太高，使得鑄造銅錢作為貨幣變得不切實際。中國核心區域開始採銅，可以遠溯至商代，到這個時候，已經有將近兩千年的時間。這意味著比較容易發現、容易開採的銅礦大概都被採光了。要再進行採礦，必須到更偏遠的邊境地帶找尋，然而在當時的局勢下，邊境一團混亂，不在朝廷控制內，不可能維持採礦這種事業所需的基本秩序。

就算找到了銅礦，鑄銅過程中還需要錫，製造高溫則需要燃料，還需要交通運輸將各種原料運送到同一個地方。所有這一切，在戰亂頻仍的時代都變得愈來愈困難，必須耗費的成本也愈來愈高。

還要考慮另一個因素，鑄銅技術的發展和普及，也創造出銅器的需求，日常生活中有很多器具是用銅鑄造的，於是銅器和銅錢之間又產生了競爭關係。能夠用來鑄錢的銅，也能用來製造器具，那麼是鑄錢還是造器具？就要看哪一樣能帶來較高的利益了。

鑄銅成本高到一定的程度，造銅錢所需的花費就會超過銅錢本身的交易價值。如此一來，朝廷當然必須重新思考該不該鑄造銅錢，乃至重新思考貨幣的根本功能與意義。

07 貨幣的三種態度，以及絹帛取代銅錢

這段時期，人們對於貨幣產生了三種不同的態度，且互有爭議。

一種最簡單的態度是出於直覺，既然感受到財政上的困難，那麼就主張應該多鑄錢。朝廷鑄了錢、有了錢，不就能夠富起來、能夠解決財政困難了嗎？

這派人還主張，如果沒有足夠資源鑄錢，那就鑄「大錢」，也就是將原本的五銖錢做得大一點，然後規定新的大錢「以一值百」、「以一值五百」，甚至「以一值千」，這樣不就多了很多可以使用的金錢額度嗎？

這種觀點其實違反了貨幣經濟的原理，這樣做會產生的結果，不是朝廷或社會上有更多貨幣可以使用，而是貨幣會迅速貶值，出現惡性通貨膨脹。

此外，新鑄的錢所含的貴重金屬成分和原有的古錢不成比例，也使得人們棄今從古，「唯用古錢」，只有漢代鑄造的五銖錢還有公信力、還能流通。新錢鑄了等於白鑄，在市場上無法發揮流通交易的作用。

因為出現了銅錢價格貶值的現象，於是便有另一派主張，必須保有銅錢的內在價值，應該「不惜銅、不愛工」來鑄錢。不能粗製濫造，鑄錢務求精良，才能讓錢幣發揮作用。從道理上看這主張是對的，但現實上仍然行不通。要「不惜銅、不愛工」來鑄錢，成本太高了，尤其相較於還在流通的古錢，新錢成本遠高過古錢許多倍。何況要「不惜銅」談何容易，既沒有方便開採的銅礦提供原料，若是從民間收購銅器，又必然造成銅價上漲。

所以這個做法也行不通。於是出現了第三種主張，認為乾脆放棄鑄造銅錢。「廢錢用穀帛」，交易就退回以實物為中介的型態，如此將銅省下來用於製造器物，反而有助於生產發展。

魏晉南北朝時期，這三派意見來回爭執，爭來爭去還是無法解決鑄錢成本太高的問題。無法阻擋的結果就是，銅錢逐漸在市場上消失，錢愈來愈少，交易也就愈來愈困難。取代銅錢的一種交易中介是布帛，布指的是麻布，帛則是絲帛，帛的價值高於布。布帛在交易上的運用，受益於南方桑蠶產業的發展，北方的種桑、養蠶、繅絲的技術傳入南方，進入莊園經濟生產中，由原本的家戶手工業轉變為集中制，擴大了絲織品的產能和產量。

南朝經濟史上出現過李劍農先生所說的「綾機之變」。[7]「綾機」指的是一種新型的織布機，織出的新布就稱為「綾」。綾機的特色是有更多的縱橫絲軸，因而可以織出更多、更複雜的紋樣，也就為織物創造出更高的價值。因而在南朝的經濟文獻中，相關的價格計算往往直接以「匹」為單位，如果沒有特別注明，指的就是絹帛。莊園制帶來人力、技術上的集中與突破，造出更有價值的絹帛，使得這種具備自身價值的實物得以取代銅錢，創造了貨幣的功能。

我的老友唐諾在《文字的故事》裡提過一種理解過往文化的智慧，那就是查考《康熙字典》，找到那些我們今天不用、也已經不認識的字。他舉的例子是「馬」部首，看看那些「馬」字旁的字，你會發現除了極少數幾個字，裡面絕大部分的字我們都不認識了。這些字的存在，證明了古時中國人曾經有過和馬非常親近的生活，所以創造出許多字來分辨、記錄不同的馬，以及諸多和馬相關的現象及活動。後來，馬漸漸從中國社會及一般人的生活中淡出，因而這眾多的字就都變成「死字」，不再通用了。類似的情況也發生在「糸」部首上。這個部首裡也有很多我們不認識的字，顯示出織造物在古時中國有過輝煌的發展與成就。

綾布或高價值的絹帛，主要在莊園生產。莊園裡養桑蠶，又有足夠的人力，能夠做出莊園以外的家戶小農做不出的產品。南朝的世家貴族當然樂於以絹帛代替銅錢，成為市場的交易貨幣。莊園再大，不會有銅礦；然而絹帛取得貨幣功能，實質上也就等於世家貴族擁有了可以生產貨幣、控制貨幣的巨大資源與權力。

銅錢的生產需要大量的原料和挖掘運送等條件，這些資源很明顯地掌握在朝廷手中。相對地，絹帛的生產卻可以地方化，世家貴族的莊園是最主要的絹帛生產中心。銅錢行不通了，轉而絹帛興起，顯然又進一步鞏固了世家貴族對於朝廷的權力制衡。朝廷雖然有自身的官營工業，也生產絹帛，但無法壟斷絹帛生產，更不可能禁止莊園生產。

在貨幣形式上，從銅錢經濟轉為絹帛經濟，進一步助長了莊園的繁榮。

08 炫耀鬥富下的奢侈品經濟和門第優勢

莊園在經濟生產上是個自給自足的小王國，小王國範圍內所需的東西幾乎都不假外求。在這種情況下，交易活動當然也就縮減到最低的程度，那麼新興的絹帛貨幣還有什麼用處呢？第一，莊園以外的社會交易活動，在銅錢幾乎喪失功能的環境下，只好訴諸絹帛進行買賣；第二，大部分和朝廷有關的中央財務，無法以實物處理時，也必須用絹帛進行；還有第三種用處，就是讓世家貴族拿來交換莊園中不生產、無法生產的東西。

7 可參考李劍農，《中國古代經濟史稿》（武漢：武漢大學出版社，二〇〇五年），分為三卷：「先秦兩漢部分」、「魏晉南北朝隋唐部分」、「宋元明部分」。寫於一九四七年，為當時大學授課講義。

已經自給自足的莊園還需要什麼？他們需要非生活用品，也就是奢侈品。絹帛的交易項目，在朝廷可以作為軍費、官費等支付貨幣，而在世家貴族那裡，主要就是讓他們用以交換炫耀鬥富的物品。從晉代開始，炫耀鬥富變成世家貴族生活中很重要的一部分，那不只牽涉到像石崇這種人的個性，或是上流人士普遍的虛榮心，其實也牽涉到複雜的世家地位的爭奪與維持機制。

炫耀鬥富靠什麼？靠的是遠方來的物品，如璣珠、犀角（犀牛角）、象牙、玳瑁、香料等等，這些都是晉室南遷之後貿易的大宗，也就是用絹帛交換的主要物件。在這樣的環境裡，出現了最早的奢侈品經濟，進而在奢侈品貿易的刺激下，又出現了進口中心和出口中心。這樣的中心，就落在南朝最重要的四個城市。

進口的主要中心，當然是中央王朝所在的建鄴（建康）；還有一個中心則是京口，即今天的鎮江，那是謝家所在之處，也是北府兵的根據地。北府兵會以京口為根據地，就因為這裡是莊園經濟的核心地帶。北府兵的兵源是莊園部曲，世家提供了原本的私兵，加上朝廷的支持與補助，交由謝家練兵，這就是北府兵的確切性質。所以北府兵實質上仍然帶有高度的私兵性質。

藉由朝廷與莊園經濟的運作，建鄴（建康）和京口成為奢侈品進口中心。那麼奢侈品從哪裡來呢？和海洋有關的珍稀物件，主要從廣州來；至於和生活享受有關的高級物件，則主要來自成都。成都的重要產物是「蜀錦」，即使南朝的桑蠶工業高度發達，「蜀錦」仍然是最高等級、無法被超越也無法被取代的超級品牌。

這四個城市的商業活動當然不限於奢侈品進出口，不過奢侈品經濟的存在，確實是讓這些地方能在混亂時代中發達繁榮的主要因素。奢侈品經濟愈盛，就愈有利於世家貴族，因為奢侈品的進出買賣都控制在他們手中。那個時代幾乎沒有自由貿易的商人，想要做生意，先得具備買賣的交易工具，也就是絹帛，於是誰手上掌握了絹帛的生產，同時也就掌握了商業貿易的利益。

為什麼世家貴族能有那麼大的力量？他們不只靠人際關係、不只靠政治力量、也不只靠抽象的門第聲望與地位，而是背後有著非常穩固的經濟基礎。那是一套盤根錯節的龐大系統，給予世家門第堅實的優勢，憑藉這樣的條件，他們才能擁有愈發強大的力量以對抗朝廷。

09 黃籍和白籍，吳姓與僑姓

南朝的貴族門第分兩種：吳姓和僑姓。兩者都是世族大姓，但若從經濟的角度看，就能清楚看出兩者的差異，那就是吳姓的地位不如僑姓。晉元帝初到南方時，王導借助吳姓顧家的支持，才得以穩定東晉的政權，然而當王導提議讓自己的兒子娶顧家女兒時，顧家卻沒有接受。不是顧家太驕傲，不肯嫁女兒，而是顧家不敢接受，認為自家的地位和王家還是相差太遠。

長期下來，吳姓和僑姓的地位差距非但沒有縮小，反而愈拉愈大。因為僑姓世家帶著龐大的佃客部隊，有組織地進入南方，憑藉這樣的組織勢力封山占澤，原本在地的吳姓世家反而成為弱勢的一方。吳姓的情況早已固定，沒有野心也缺乏大量人力進行類似的活動。而從北方來的人，不管他是怎麼來的，必定優先選擇投靠比他先到、已經站穩腳步的其他北人勢力，不可能依附吳姓南人。

另一個關鍵因素在於，這些吳姓儘管是大姓家族，但他們沒有像僑姓那樣封山占澤的自由，在僑姓遷來之前，他們就已經入籍，屬於朝廷所管轄。吳姓是黃籍，新來的僑姓則是白籍。前面說過，黃籍、白籍的名稱來自黃籍記錄在竹簡上，而白籍記錄在紙上；黃籍是舊的，白籍是新的。不過更重要的分判是，黃籍是原有的、固定的，白籍卻是新增的、臨時的。

西晉滅了原來的吳國，那時朝廷還有足夠的力量將吳國編列的戶籍全部接收、予以管理。所以屬於這些吳姓世家的蔭客蔭戶，仍然在國家戶籍中登記有案，朝廷能夠有所掌握。登錄在白籍上的僑姓則不一樣，朝廷承認他們是臨時逃難來到南方，將來還要回到北方去的，畢竟晉元帝不可能在遷到南方時就宣示不回去了。

當時的心態必然是，雖然人在南方，眼光看的卻是北方故土，所以相應的一切措施都是臨時的。既然是臨時措施，那麼白籍的作用就不在反映僑姓來到南方後的現實情況，而是記錄保留原先在北方的情況，看有什麼樣的人從什麼地方搬過來，遷徙之前他們在北方是如何。因而白籍所記錄的，其實是已經消失的北方戶籍狀況，準備將來回到北方之後用的。

要到第二階段，白籍才多加了讓朝廷稍微了解北來僑姓概況的作用。但白籍始終是臨時的，和黃籍不同，並沒有嚴格地登錄所有丁口，只是含混籠統地以家或宗族為單位，實際上承認了大姓世族統領丁口的權利。這樣的做法，當然就給了白籍僑姓很大的空間，他們可以自由擁有大量的部曲、佃客，後來還能自由收納更多的流民，甚至在封山占澤的過程中收編既有的人口。

如果有村落被占了，村民可以權衡利害，看是要搬離另找出路，還是乾脆和新來的主人合作，從原有的戶籍中消失，成為逃戶，不再承擔對朝廷的責任，改而接受僑姓大戶的保護。這些事情都在朝廷監管範圍外進行，朝廷控制不了。

因而，吳姓的經濟與政治勢力，無法和僑姓相提並論。為什麼後來桓溫、劉裕都要推動「土斷」？土斷最簡單的解釋就是黃白籍合一，取消白籍，所有的人都按照黃籍的方式登錄為朝廷的編戶齊民。「土斷」實施的手段很溫和，只是要求從某個特定時間開始，原本白籍範圍內新增的人口必須如實登錄在黃籍上；它並不打算追查原本僑姓世族所屬的人口，要他們都成為朝廷課稅的對象。

即使是這樣溫和的辦法，都還是明顯侵犯了世家大族的權力，必然遭遇他們的反對和抵抗。必須經過漫長的角力，朝廷陸續不斷地推出新制度，門第貴族的經濟勢力逐漸受到裁抑，到了隋唐時期，朝廷、皇家相對於門第貴族的地位與權力才能逐漸上升。

10 外在的浮誇與內在的謹慎才是貴族全貌

在東晉，王導、王敦或謝安、謝玄都不是傳統意義上的朝廷官員，他們同時也是龐大莊園家業的主人。東晉到南朝的這些世家貴族，他們一方面與更替的朝廷有著密切關係，另一方面還有更切身、更重要的家業利益需要看管照顧。這些人和朝廷是合作共生的關係，並不依賴朝廷。再者，相較於自身的家業，朝廷給他們的官職其實沒那麼重要。

他們不太在意朝廷的官位，更不在意朝廷的職務。當官主要是為了表示願意和朝廷合作，不要對立，不要引來朝廷的敵意。因而他們願意當的官是「清官」。

前面說過，「清官」對應於「濁官」，而這時「清」與「濁」的劃分，和後世的標準很不一樣。他們的「清」指的不是「清廉」，而是「清逸」，是一種和世俗事務保持距離的態度，對一般人所熱衷的事情表現得不在乎。這種「清官」不願意花時間、費力氣在官場事務上，顯然不會是後世對「清官」所認定的那種好官。會花時間、費力氣做事情的，在他們眼中是「濁」，是「濁官」才有的態度與行為。這些「清官」能如此「清」，正因為有世家背景，他們不依靠朝廷，只是擺出和朝廷合作的姿態而已。

不過這種表現在外的「清逸」，應該也不是世家貴族生活的全部，畢竟他們還有經營莊園家業這內在的一面。這個時代表現在外最突出的風氣是「清談」，強調瀟灑不羈的人生意趣；然而在「清談」發展的同時，另外還有強大堅實的家學，尤其是「禮學」作為必要的知識內容。如果這些世家貴族真的都如「清談」或「竹林七賢」所表現的那麼瀟灑不羈，那要如何談禮？

家學中非常重要的一支是家譜學，對於宗族系譜進行詳細的記錄。中國家譜學在這個時候發展到高峰，原因就在於其背後有龐大的莊園產業，以及相應的利益與權力，都需要在家族內部進行安排。家譜可以確認每個人在這個家族中的身分，而「禮學」則細膩規範了每個人在家族中的合宜行為與責任，龐大而複雜的家族才能具體運作。

這些運作狀況與細節，不會出現在謝靈運〈山居賦〉一類的文獻中，卻是這個時代經濟、社會的確實基底，需要我們更用心地從各種史料中挖掘出來。

在這個以貴族門第為中心的時代，為了顯現貴族的特殊地位，這些人的生活中常常帶有高度的表演性質，以凸顯和其他人的差異。當時流行的清談、豪奢鬥富，其實都同樣基於外在的、表演的動機。然而我們不要忘了，這個時代還有內在的另一面，貴族門第為了維護巨大的特權，必須小心謹慎地應對經濟和政治事務。外在的表演浮誇與內在的低調謹慎，這兩面加在一起，才構成了真實而完整的六朝歷史面貌，我們才能理解六朝門第及其所創造的種種現象。

第六講

樂府詩、五言詩、陶淵明的田園詩

01 閱讀文學，需懂得「文類」

從歷史的角度研究中國文學，有些可能產生的誤解需要加以說明。首先，依照現代的觀念，當我們看到一部文學作品，會很自然地假定這部作品背後必然有一位作者，作者和作品是分不開的。然而從歷史的角度看，這件事卻不是天經地義的，而是相對較晚出現的現象。幾乎每個文明所產生的文學，最早都沒有特定作者，而是先有文學作品，後來才有可以被辨識的作者。

其次，正因為我們習慣於文學作品必定有作者，也就對作品產生了不言而喻的假定。假定作品表達了作者的個人經驗、感受或思想，他看到了什麼、體驗了什麼，他如何受到刺激、如何得到感動，便將這些寫進作品裡。即使要擴大理解作品和作者之間的關係，至多也就是將作品視為作者所處的社會和時代裡有著共同身分背景的人的代表。

這是我們習慣看待文學的方式。然而容我提醒一下，在文學史上，有一個經常被忽略、被遺忘的因素，卻在決定作品意義上非常重要，那就是「文類」。意思是一部作品除了和作者有關係、和作者所處的時代與社會有關係之外，往往還和這部作品所採取的文類，和這種文類傳承累積的習慣、套式有關。

文類有文類的習慣、套式，選擇這種文類，作者就必須依照這文類的習慣、套式來寫，那很可能和他個人、和他所處的時代社會都沒有直接關聯。如果缺少對於文類的認知與理解，我們很容易錯將作者受限於這些習慣、套式所寫的內容，當作作者個人的意見或感懷。

「文類」或「類型」不限於文學，在各種藝術創作中都存在、都有影響。例如在音樂上，我們可以認真考察莫札特的作品。任何人聽莫札特的作品，都能夠感覺到愉悅、優雅、明亮的風格。然而探查一下莫札特的生平，會發現他的遭遇、情緒，和這樣的音樂風格有著很大的距離。莫札特一生過得坎坷，每個階段都有不同的不愉快與挫折，而且他在信件中顯現出的個性絕不優雅。一個內在帶有粗鄙特質、經驗上又有許多悲苦的人，為什麼會創作出那樣的音樂？

有人說這是莫札特最神奇、最了不起的地方，他活得那麼不快樂，卻藏起他的悲哀和傷痛，只把快樂放入音樂中留給世人……。這樣的說法很感人、很高貴，然而恐怕不是歷史的事實。因為莫札特的基本風格，是依循當時宮廷音樂的習慣、套式，而這種音樂類型所強調、所追求的，就是平衡、優雅、愉悅、和樂等等。那時候絕大部分音樂家創作的作品，都有這樣的共同個性，和莫札特個人無關。如果從這個角度來認識莫札特，我們認識的只是莫札特所運用的類型風格，而不是莫札特之所以為莫札特的真正特殊之處。

再以武俠小說做例子。要是後世的讀者缺乏對武俠小說類型的認識，當他們讀到金庸的作品，或許會覺得金庸最大的本事在於怎麼會知道那麼多武林門派，少林、武當、峨嵋、丐幫、崆峒……，讓人看得眼花撩亂，作為讀者都記不得這麼多，金庸怎麼能想得到並寫得出來，太了不起了！

我們知道那不是金庸了不起，而是他站在武俠小說的類型潮流上，那些門派沒有一個是金庸創造出來的，甚至那些門派使用的武功，絕大部分也不是金庸發明的。這些在金庸開始寫武俠小說以前就已經存在，金庸只是依照這種類型的傳統和習慣，把這些門派寫進小說裡。在金庸之前、和金庸同時代，甚至比金庸晚一點的武俠小說作者，都用同樣的方式寫這些門派。金庸的獨到之處當然不在這裡，而在於他創造出像楊過、小龍女、郭靖、黃蓉、東邪西毒、令狐冲或韋小寶等等個性鮮明的人物，那才是其他人寫的眾多武俠小說中所沒有的。

02 漢代民歌〈上邪〉、〈有所思〉的聲音表現

理解文學史時應有的一項警覺，就是察看文類在時間中的變化。關心文類，沿著文類的消長變化看，我們會發現，自東漢以降，文學上的重大發展之一就是「詩」這個文類捲土重來。

「詩」是具備強烈聲音性的文學作品，上古時期出現了《詩經》、《楚辭》，有過高度的文學成就。然而秦漢之後，詩的創作形式一度中斷了。漢代流行的是「賦」，走的是和詩很不一樣的一條路。從語言與文字，或說從聽覺聲音與視覺形象的關係來看，詩著重聲音，以文字為工具，

將聲音捕捉記錄下來；賦的重點卻在文字，大幅開拓了文字的領域。在西漢，賦是和「字書」平行發展的，好幾位主要的賦家，都同時是字書的編撰者，這樣的身分重疊絕非偶然。

那是文字擴張的時代，並不是因為語言變化了，所以文字需要相應變化。中文並非表音文字，再加上中國人對文字的高度重視，於是文字有了自己的生命，在漢代受到特別重視，文字運用不斷增長。賦裡用到的每一個字固然都有對應的聲音，但是賦體並不那麼重視聲音性，主要強調彰顯的是豐富的字形、字義，主要訴諸於人的視覺辨認——看到字，繼而產生感受，過程中對聲音的講究是其次的。賦是文與言脫離的情況，是重文輕言的一種特殊文類。

漢代文人重視文字，然而文字用來記錄語言的功能畢竟不可能被長期壓抑、取消。雖然文字和語言的聯繫一度不受重視，但到了東漢之後，聲音和文字之間的一種新關係逐漸出現了。

我們看當時的民歌，就看得出來中國民間的語言聲音有所變化。漢代出現了特殊、有趣的民歌，比如〈上邪曲〉。「上邪」是發語詞，沒有意義，也就是單純用文字模擬聲音。顯然這是在原先音樂中自然產生的，也許是歌唱開頭時高亢的發聲。發聲吸引人注意之後，接著才唱出歌詞：

> 上邪！我欲與君相知，長命無絕衰。山無陵，江水為竭，冬雷震震，夏雨雪，天地合，乃敢與君絕！

這是多麼強烈又直接的感情表露：我要和你在一起，一直在一起，直到山峰的陵線消失，江水枯竭，季節顛倒，冬天打雷夏天下雪，天與地合在一起，我才願意與你分開。

除了在意思上如此濃烈誇張之外，我們還應該注意到這首民歌在字句聲音安排上的特色。如果回到《詩經》或《楚辭》那個時代的慣例，其實很容易將這首民歌這樣整理：「欲與君知，長命無絕，山無陵兮江水竭，冬雷震兮夏雨雪，天地合焉，敢與君絕。」這樣的表達在聲音上整齊得多。但重點是，這首民歌就不是用這麼整齊的聲音組成的，而是讓聲音和情感有著更樸素的結合——語言淺白，情感直接，相應的聲音也很自然。

又例如另一首〈有所思〉：

有所思，乃在大海南。何用問遺君？雙珠玳瑁簪，用玉紹繚之。聞君有他心，拉雜摧燒之。摧燒之，當風揚其灰。從今以往，勿復相思。相思與君絕！雞鳴狗吠，兄嫂當知之。妃呼狶！秋風肅肅晨風颸，東方須臾高知之。

詩歌描寫著：我想念的人遠在大海的南邊，他送給我寶貴的東西，然而聽說他變心愛上別人，我要將他送的東西拿去燒掉，燒成了灰，再讓風吹走。我決心從現在開始，連想都不要想這個人。但實際上又是一夜難眠，清醒地等到雞鳴狗吠，東方的天空馬上就要亮了。

這首民歌中有很豐富的聲音表現。比如「拉雜」就是特殊的聲音，而且說「拉雜摧燒之。摧燒之，當風揚其灰」，在聲音中顯現一種決絕。另外，「妃呼豨」是很強烈的感嘆擬聲之詞，有效襯托對於終夜不寐痛苦的描寫。

03 樂府詩傳達的民間底層情感

漢朝出現了這種來自民間、和音樂密切相關的作品。將這些民歌在字句上多做一點整理，就形成了「樂府」。「樂府」顧名思義源自音樂，同時保留了來自民間的直接情緒表現。

在古樂府詩中，有〈十五從軍征〉，詩裡直白地表現了從軍的悲哀痛苦：

十五從軍征，八十始得歸。道逢鄉里人，家中有阿誰？
遙望是君家，松柏冢纍纍。兔從狗竇入，雉從梁上飛。
中庭生旅穀，井上生旅葵。舂穀持作飯，採葵持作羹。
羹飯一時熟，不知貽阿誰？出門東向望，淚落沾我衣。

十五歲就被拉去從軍打仗，一直到八十歲才得以回到故鄉。那麼多年了，家中哪裡還有人在呢？要找記憶中的那個家，現在已經變成一片墳塚，過去認識的家人只能到墳墓裡去找吧。原本居住的環境現在全成了廢墟，養狗的地方野兔跑來跑去，野雞從屋梁上飛下來，就連中庭都長出了野生穀子，長期沒人用的水井邊長滿了野生的蕨類植物。於是採了野穀和野蕨，拿來燒一頓羹飯，飯熟可以吃了，但要拿給誰吃呢？所有關心的人都不在了，自己大概也沒有食慾，於是出門往東邊看，眼淚淌流下來，把衣服都沾溼了。

這是一首典型的樂府詩，清楚反映了來自民間底層的情感，可以想見，原先應該是在日常生活中被吟唱出來的，能夠激發聽者強烈的認同感動。樂府詩中有一些以「行」命名的作品，明確指向了來自於歌的形式，一開始是用吟唱的，後來才轉而以文字記錄，或許在過程中經過了書寫者的修改潤飾。

東漢之後，來自民間吟唱的形式更進一步文字化，降低了音樂性，相對地文字則更整齊、更優雅了。確立「五言詩」典範的，是一組不知名作者的代表作——《古詩十九首》。藉由這一組詩，我們可以進一步理解五言詩這種文類的基本精神與性格。

《古詩十九首》大致可以分為兩大類，第一類可以用這首作品為代表：

明月何皎皎，照我羅床幃。
憂愁不能寐，攬衣起徘徊。

客行雖云樂，不如早旋歸。
出戶獨彷徨，愁思當告誰？
引領還入房，淚下沾裳衣。

月光皎潔地照在床上，夜裡卻因為心中憂悶而睡不著，抓了床邊放的衣服，起身徘徊。會睡不著，因為人在外地，不在家裡。並不是外地的生活不好、不順利，然而不在家時，快樂也不是真的快樂，總想著趕快回家。這樣的憂思鬱悶無從訴說，能說給誰聽呢？夜更深、更冷了，只好拉起領子走回房間，忍不住落下淚來，將衣服都沾溼了。

這類詩基本上是表現哀愁的，尤其是離愁。因為離開、因為遠行、因為思念，所以有了不能排解的哀愁，而且這種哀愁別人無法體會，跟別人說了也得不到安慰，於是更感遠行在外的寂寞，只能訴諸於最個人也最孤寂的形式來表達、發洩。

04《古詩十九首》的主題：別離和悲嘆時光

《古詩十九首》還有這樣一首詩：

行行重行行，與君生別離。相去萬餘里，各在天一涯。
道路阻且長，會面安可知。胡馬依北風，越鳥巢南枝。
相去日已遠，衣帶日已緩。浮雲蔽白日，遊子不顧返。
思君令人老，歲月忽已晚。棄捐勿復道，努力加餐飯。

你走了，一直走、一直走，和我別離，去了很遠的地方，本來在一起的兩個人，現在卻各處天涯一方。雖然有道路可以連結兩地，但不只路途遙遠，而且路上還有許多阻礙，簡直沒有把握還能見得到面。

然後是矛盾的心情。一方面想，離鄉在外應該再怎麼樣都無法真正適應安居吧？就像北方來的馬，會習慣北方吹來的風；南方飛來的鳥，築的巢也要對著南方一樣。另一方面卻又擔心，隨著日子不斷過去，原本的初衷、原來的思念，會像被浮雲遮蔽的太陽一樣，漸漸變淡，在外的遊子大概不會再想著回來了吧？

分離的時間愈長，人就愈來愈消瘦，思念催著讓人快快就變老，時間在虛耗中過去了，對於這種狀況還能怎麼樣呢？只好嘆息一聲，什麼都別再說了，盡量多吃點飯，讓自己不要再消瘦下去吧。

在五言詩發展的過程中，逐漸形成了一個固定的主題，那就是環繞著「別離」。別離引發思念，思念產生強烈的憂愁。

憂愁是五言詩中最主要的情感，而引動憂愁心緒的，除了離別、思念之外，還有另一種原因。如同這首詩所呈現的：

> 去者日已疏，來（或作「生」）者日已親。
> 出郭門直視，但見丘與墳。
> 古墓犁為田，松柏摧為薪。
> 白楊多悲風，蕭蕭愁殺人。
> 思還故里閭，欲歸道無因。

過去的時間離我們愈來愈遠，本來想像的未來變成了現在，讓人產生一種時間無情不止歇、流淌而過的感慨。出了城門，眼前自然看到的，是一個個或新或舊的墳堆。古老的墓完全被遺忘了，沒有人知道裡面埋了什麼人，於是也就不再浪費土地給這些沒人關注的古人，將那樣的地方重新犁為生產用的田地。本來立在墳頭的松樹和柏樹，也都被砍下來當作柴薪使用了。

風吹過白楊樹，發出引動悲涼感受的蕭蕭聲，使人心情更加低抑，強烈感受到時間帶來的變化，於是格外想要回到久離的故鄉。但離開那麼久了，能找什麼理由回去呢？還真找不到啊！

在這裡，故鄉不只是故鄉了。故鄉代表的是過去，就像出城門所看到的古墳一樣。時間逝去就追不回來了，只會引發更宿命也更深沉的悲涼、悲嘆。

〈古詩十九首〉建立了一種清晰而強烈的情緒傾向，詩歌所表達的是哀愁，而引動哀愁的原因構成了兩大主題：一是亂世浮動所帶來的普遍離別情境，各種或自願或被迫的別離；另一個也和亂世有關，世間有那麼多無法掌控的變化，因而覺得時光流逝格外殘酷，也格外悲嘆時間不可復返，只能無奈且無望地慨嘆。

05 五言詩的字詞規律，三祖陳王的愛好

東漢之後，詩歌捲土重來，五言詩逐漸取得了主流的地位。從五言詩的聲音型態往回推，也

就能夠瞭解在這段時間裡，民間說話和唱歌的方式發生了什麼樣的改變。

早先，北方以《詩經》為主的四言形式，南方加上襯字讓聲音錯落有致的《楚辭》風格，後來都沒落了。秦漢以後，產生了新的字句習慣和規律，其中一個重要因素是中文裡的語助詞在運用上變得愈來愈豐富。《詩經》中用來整齊詩句的，大部分是只有聲音作用、沒有任何指涉意義的語助詞；《楚辭》中用來錯落字句的，主要是反覆出現的「兮」字。但到了漢代以後，愈來愈多語助詞同時具備自身的文法作用或意義，大幅增加了詩句構成的靈活空間。

另一個因素是，中文運用愈來愈明確地從以「字」為單位，轉化為以「詞」為單位。「字」是單一的字，「詞」則主要由兩個字構成。有了大量的詞，再配合原有的字，就很容易形成穩定的句子結構。五言詩等於是最早以這種單、雙數配合運用而產生的形式，一句五個字，基本上是以「2—1—2」的組合，另外加上「2—2—1」或「2—1—1—1」等靈活變化。

例如，「胡馬依北風」、「越鳥巢南枝」都是「2—1—2」的分配，兩個詞之間用一個表示動作的單字連結起來。「相去萬餘里」是「2—2—1」，而「相去」這個詞又是用「相」這個有自身意義的語助詞加上動詞「去」形成的。「道路阻且長」、「但見丘與墳」則是「2—1—1—1」的分配，「但見」這個詞也是將「但」這個有意義的語助詞加在動詞「見」上形成的。

在詩的發展上，曹魏這個短短的朝代（西元二二〇年—二六五年）有著特殊的重要性。鍾嶸在《詩品》裡說：「曹公父子，篤好斯文。」曹魏的幾位皇帝、皇子都真心喜愛文學，尤其喜愛當時新興的文學類型，他們在提倡、傳播這些文學形式與文學作品上有著很大的影響。

直到漢末，詩仍然保留了強烈的民間個性，而到曹魏這一朝，藉著帝王家族的喜好和擁抱，使得原本有作品而無作者的這種文類被拔舉上來，吸引了眾多有名有姓有地位的人投入創作。

最顯赫的作者是「三祖陳王」，「三祖」指的是曹魏最早的三位皇帝，包括了其實並未正式登基的武帝曹操，以及文帝曹丕、明帝曹叡。「陳王」則是「陳思王」的簡稱，也就是在歷史上留下「七步成詩」故事的文學天才曹植。圍繞著「三祖陳王」，另有「建安七子」，他們都和曹家、尤其是曹丕有著密切關係。

一代梟雄曹操握有很大的權力，他是那一代最主要的軍事掌權者，也是戰爭的決策者、發動者。然而曹操寫的卻是像〈蒿里行〉這樣的詩：

> 關東有義士，興兵討群凶。初期會盟津，乃心在咸陽。
> 軍合力不齊，躊躇而雁行。勢利使人爭，嗣還自相戕。
> 淮南弟稱號，刻璽於北方。鎧甲生蟣蝨，萬姓以死亡。
> 白骨露於野，千里無雞鳴。生民百遺一，念之斷人腸。

這是一首樂府詩，因而也就依照樂府的文類習慣，表達的不是帝王將相而是民間底層的心情。詩中描寫戰士穿在身上的鎧甲都長出蝨子，死去的人那麼多，再也分不清姓什麼，反正不管你姓什麼，在這種亂世中隨時都可能死去。死了之後也無法得到安葬，屍體暴露在原野上，大地變成一片廢墟荒煙，走了很遠都遇不到一戶聽得到雞啼的養雞農家。能僥倖存活下來的比例，可能只有百分之一吧，一想到就令人為之斷腸啊！

儘管曹操是位「準帝王」，然而當他寫樂府詩時，他還是遵照樂府的文類慣例，發出小民的悲哀感嘆，而不是表達他帝王式的雄心壯志。

06 陳琳的〈飲馬長城窟行〉

與此類似，「建安七子」中的陳琳也寫樂府詩，他留下的作品中有一首〈飲馬長城窟行〉：

飲馬長城窟，水寒傷馬骨。往謂長城吏，慎莫稽留太原卒。
官作自有程，舉築諧汝聲。男兒寧當格鬥死，何能怫鬱築長城。
長城何連連，連連三千里。邊城多健少，內舍多寡婦。
作書與內舍，便嫁莫留住。善侍新姑嫜，時時念我故夫子。

報書往邊地，君今出語一何鄙。身在禍難中，何為稽留他家子。
生男慎莫舉，生女哺用脯。君獨不見長城下，死人骸骨相撐拄。
結髮行事君，慊慊心意關。明知邊地苦，賤妾何能久自全。

騎著馬到長城窟窪有積水的地方讓馬喝水，那裡的水冷到冰進馬的骨頭裡。作為一名男兒，寧可和敵人格鬥死在戰場上，實在不願如此抑鬱不得志地在這裡築長城。長城好長好長，為了築長城，這裡聚集了很多正值青春的壯漢，也就意味著在這些人家中有很多獨守空門的婦人。不知道什麼時候能回家，甚至沒有太大希望能活著回去，只好近乎絕望地寫信給家裡的婦人，告訴她不要等了，能有嫁別人的機會就嫁吧，嫁到別人家好好做媳婦、伺候新公婆，只要不時懷念曾經有過的在遠方的前夫就好。

婦人寫了回信寄到長城邊地，信中開口就罵：你胡說些什麼！時局處境如此艱苦，禍難纏身，我幹嘛去別人家再生小孩呢？生了男孩根本不想養，反正養大了還是被抓去打仗或築長城，不是嗎？你在那裡，難道沒有看到死了那麼多人，但就連死了的人都還以骨骸彼此互相扶持。我嫁給你心意堅定，知道你在邊地過得那麼苦，我怎麼能尋求保全自己？

這首詩和前面我們讀的〈十五從軍征〉相較，在文學技法上更加進步、成熟，一首詩中包含好幾個不同的場景，也有著不同角色的聲音。夫妻信件一來一往，一個勸對方放棄等待，一個重申等待的決心，不只有對話，還有對內心情感複雜幽微的表達，比如「時時念我故夫子」這句，讀了令人為之心酸。

然而這樣一首詩，它所表現的情感仍然來自樂府詩的文類習慣，而不是作者陳琳本身的。陳琳不會有這種經驗，況且有這種經驗的人，恐怕也很難進入陳琳的生活圈吧。陳琳有高超的文字運用能力，可以將詩中要傳遞的經驗與意念寫得更細緻、更有力，然而只要他寫的是樂府詩，理所當然運用的就是五言詩的聲音韻律，套用的也是民間的苦痛主題。

07 曹操〈短歌行〉：文學史最後的四言詩傑作

與五言詩形成對比的，是曹操的〈短歌行〉：

對酒當歌，人生幾何？譬如朝露，去日苦多。
慨當以慷，憂思難忘。何以解憂？唯有杜康。
青青子衿，悠悠我心。但為君故，沉吟至今。
呦呦鹿鳴，食野之苹。我有嘉賓，鼓瑟吹笙。

明明如月，何時可掇？憂從中來，不可斷絕。
越陌度阡，枉用相存。契闊談讌，心念舊恩。
月明星稀，烏鵲南飛。繞樹三匝，何枝可依？
山不厭高，海不厭深。周公吐哺，天下歸心。

我們可以毫不遲疑、毫無保留地說，這是中國文學史上最後一首四言詩傑作。理由是開端於《詩經》的四言詩到此時已經是失去活力的舊體裁，而且顯然和中國語言聲音的新發展產生了隔閡距離。然而，曹操卻運用這樣的舊體裁，突破歷史變化的限制，而有了動人的表現。

為什麼曹操要在五言詩興起的時代回頭寫古舊的四言詩？前面引用的曹操和陳琳的樂府詩中，透露了一部分的理由——因為五言詩中固定表達的情感，和曹操的身分不相符。在這個階段，即使是才氣如此高超、個性如此強烈的曹操，都想不到或找不出方法用五言詩「說自己的話」。當他要發抒胸臆中的自我真情時，只能訴諸於原有的四言詩形式和語彙。

詩的結尾：「山不厭高，海不厭深。周公吐哺，天下歸心。」這才是符合曹操氣概與地位的表述，他自許要仿效周公，為了延攬天下人才，周公連好好吃頓飯的心情都沒有，常常吃到一半就迫不及待去接見賢士，就是靠著這樣的精神，周公爭取到全天下的民心。

不過，這首詩之所以感人，並不是因為末尾四句所表達的政治野心或理想，而是前面對於憂思的描述。從全詩的結構上說，曹操寫的是憂國憂民，是像周公那樣對人民念茲在茲所產生的憂思。不過千古以來讀這首詩、被這首詩感動的人，幾乎都將前面的憂思和後面的政治訊息分開，認為那份憂思之感寫得太動人了，不只可以離開詩的結論而獨立存在，甚至應該被獨立地品賞、理解，不受詩的政治結論影響。

在寫憂思時，曹操動用了多少文學技法，卻又如此大衣無縫地連結、組構。這裡有外在的行為（「對酒當歌」、「我有嘉賓，鼓瑟吹笙」），又有和外在現象相反的感受（「慨當以慷，憂思難忘」），然後有受到主觀心情影響而看到的自然（「月明星稀，烏鵲南飛。繞樹三匝，何枝可依？」），還有鮮明的比喻（「明明如月，何時可掇？」）……

而總括憂思，最能在讀者心中激發共鳴的，當然是詩中一開頭就表明的根本情感：「對酒當歌，人生幾何？譬如朝露，去日苦多。」感覺人生那麼短，時間那麼無情地快速飛渡，面對時間，人是多麼的無力且無奈啊！

這份憂思之感極其深刻的鋪陳表達方式，不是來自傳統的四言詩，毋寧是傳承自《古詩十九首》那樣的文類成就。換句話說，曹操採用了四言詩的形式，避開五言詩的強烈民間性，以便表達帝王地位的心情；但詩的主要部分仍然是悲涼哀思，尤其是悲嘆時間一去不復返的悲涼哀思，而這個主題正是新興五言詩情感的主流。

魏晉時期人們形成了對於詩的基本認知，詩的內容是反映憂思愁苦的，而引發愁苦憂思最主要的原因，是人生無常帶來的時光慨嘆。

08 曹丕七言〈燕歌行〉，看文類慣性約束力

我們再來看另一種和五言詩主流的對比，那是曹丕寫的〈燕歌行〉：

秋風蕭瑟天氣涼，草木搖落露為霜，群燕辭歸雁（或作「鵠」）南翔。
念君客遊多思腸（或作「思斷腸」），慊慊思歸戀故鄉，君何淹留寄他方？
賤妾煢煢守空房，憂來思君不敢忘，不覺淚下沾衣裳。
援琴鳴弦發清商，短歌微吟不能長。
明月皎皎照我床，星漢西流夜未央。
牽牛織女遙相望，爾獨何辜限河梁？

曹氏父子在文學史上的地位真是特殊，父親曹操寫了四言詩的最後一首傑作，兒子曹丕則給了我們七言詩的第一首成熟作品。在這個時候，七言形式才剛剛萌芽，比五言更新，是站在五言聲音規則的探索之上的新發展。七言詩要到南朝才真正確立了聲音和意義上的表現手法，到唐代終於可以和五言詩並駕齊驅，中唐以後更進一步在重要性與普遍性上超越了五言詩。

曹丕的這首詩用的是當時新鮮、稀奇的七言形式，但詩裡傳遞的是什麼樣的訊息和意念呢？開頭寫到，秋風吹來樹木落葉，早晨本來會有的露水結成了霜，一抬頭在天空中看到的都是啟程南飛的雁鳥。這是時間之感，一年之中那美好的生長季節，能給人鼓舞享受的春夏已經過完了。在這樣的情境中，思念去到遠方的人，更加覺得難過，更加感到寂寞。

第四句之後，我們就知道這首詩是以誰的口氣寫的，是獨守空房的「賤妾」，她在想念著去到遠方的「君」。思念無法止息，淚一直流，撥了琴弦卻因為太難過而只能唱短短幾句，看到大自然的明月、星空，想的仍然是和自己命運相同、彼此思念卻不能見面的牛郎織女……

七言的形式是新的，然而曹丕裝進這新瓶裡的很明顯是舊酒，甚至連詩的標題都套用樂府的「行」這一體裁。在七言的運用上，這首詩是開創性的，然而開創出來的工具卻仍然用來表達非常固定的內容。

換個角度，我們可以更清楚看到，這個時代詩的文類慣性有多麼大的約束力！曹丕還有一首五言的〈雜詩〉：

漫漫秋夜長，烈烈北風涼。
輾轉不能寐，披衣起彷徨。
彷徨忽已久，白露沾我裳。
俯視清水波，仰看明月光。

天漢回西流，三五正縱橫。
草蟲鳴何悲，孤雁獨南翔。
鬱鬱多悲思，綿綿思故鄉。
願飛安得翼，欲濟河無梁。
向風長嘆息，斷絕我中腸。

前面的〈燕歌行〉一開頭是「秋風蕭瑟天氣涼」，這首〈雜詩〉則是「漫漫秋夜長，烈烈北風涼」；〈燕歌行〉有一句「明月皎皎照我床」，因為「賤妾煢煢守空房」，這裡則是「輾轉不能寐，披衣起彷徨」。再看〈雜詩〉中的「天漢回西流，三五正縱橫」，不就是〈燕歌行〉中的「星漢西流夜未央」嗎？至於〈雜詩〉裡讀到的「草蟲鳴何悲，孤雁獨南翔」，〈燕歌行〉裡也有類似的「群燕辭歸雁南翔」。

〈雜詩〉是一首傑出的五言詩，然而其成就顯然不在選擇的題材和所要表達的情感上，毋寧是在聲音和語言的運用上。不論用的是七言還是五言，曹丕寫的詩基本上表現的是同樣的悲苦相思之情，就連動用的比喻，不論明喻或隱喻，也都很接近。

而且不管是七言詩或五言詩，詩中的情感都不是詩人自己的情感。曹丕是個什麼樣的歷史人物？他和父親曹操很不一樣。曹操從宦官養子家族一路在亂世中奮鬥，才得以脫穎而出，應該會對人生有些感慨、有些悲懷。曹丕則是在父親的庇蔭下成長的，他正式終結了漢朝，有著高超的權力敏感度與權力手段，才會留下迫害弟弟曹植的故事。這樣的人，我們很難想像他會因為思念故鄉而「向風長嘆息，斷絕我衷腸」？

這正是要特別強調之處——這些感慨不是他個人的，與其說來自於詩人，不如說是含藏在詩的文類形式內部。要寫詩，就自然會選擇這樣的題材，表達這樣的情感。

09 曹植〈七哀詩〉：文人化背後的情感來歷

在文學史上，曹植受到的肯定高於曹丕，一般認定曹植的詩寫得比曹丕好。這樣的評價，一部分受到文類題材與感情的影響，寫詩就要寫感嘆、憂傷，憂嘆命運乖舛，感傷時間飛逝。很明顯地，曹植的遭遇命運和這樣的題材、這樣的感情要密切相應得多，對讀者有較高的說服力。

在「七步成詩」的故事裡勉強保得性命，沒有機會當上皇帝；十二歲時愛上一個二十二歲的女人，後來這名女子卻嫁給了自己的哥哥，並且婚後沒多久就死了；哥哥知道他愛這個女人，於是將死去女子的枕頭送給他……，這樣的人生經歷，使得讀者很容易認同曹植詩中的感慨、哀傷，認定那是真實的，能夠激起強烈的同情。

由認同而欣賞，這種態度很容易讓我們忽略，其實曹植和曹丕所做的是同一件事，那就是依照文類的習慣寫詩，只不過文類習慣所設定的內容與情感，比較符合曹植的形象，所以我們願意相信他，也就比較喜歡他。

來看看曹植的〈七哀詩〉：

明月照高樓，流光正徘徊。上有愁思婦，悲嘆有餘哀。
借問嘆者誰？言是宕（或作「客」）子妻。君行踰十年，孤妾常獨棲。
君若清路塵，妾若濁水泥。浮沉各異勢，會合何時諧？
願為西南風，長逝入君懷。君懷良不開，賤妾當何依？

這首詩被視為曹植的名作，歷來被附加了許多衍生的解釋。然而回到文本上，最明顯的是詩中情感的來歷，不能單純視為曹植個人生命體驗而來的感嘆。「七哀」是傳承自賦體的固定題目，原先帶有高度文人性的用語，被挪用放在五言詩作品上，標誌著來自民間的詩歌體裁進一步地文人化。然而詩句本身的文人性質，卻沒有真正突破五言詩已經建立的風格。「明月照高樓，流光正徘徊」，這是我們熟悉的自然描述手法；「上有愁思婦，悲嘆有餘哀」、「君行踰十年，孤妾常獨棲」，這是我們熟悉的悲苦相思角色；「浮沉各異勢，會合何時諧？」則是我們熟悉的感慨命運的主因……

這首詩最為膾炙人口的，是結尾的四句：「願為西南風，長逝入君懷。君懷良不開，賤妾當何依？」這四句寫得很細膩：期待自己能夠化為從西南方吹來的暖風，飛進你的懷抱裡，然而我像風吹過去了，你卻不肯敞開胸懷接受我，那我能去哪裡，能有什麼依賴呢？不就真的成了一陣風，在空蕩蕩的地方徘徊……

回頭審視這首詩，它之所以援用來自賦體的「七哀」命名，不就是因為傳統文人的作品形式中，鋪陳哀傷愁怨情緒的「七哀」和五言詩的文類個性最為相合嗎？曹植寫的，仍然是怨婦的悲哀，說的是「宕子婦」的心情，而不是自己的。他的詩和父親曹操、兄長曹丕，還有陳琳寫的，基本上沒有兩樣。

並不是說曹植在文學上沒有特殊的成就，他的成就主要不是內容上的，而是細緻的聲音安排、更典雅的文字，以及更具創意的表達。

10 遠離世俗：玄理詩和遊仙詩的新主題

就文學史的脈絡而言，「建安」之後是「正始」。建安是漢獻帝的年號（西元一九六年—

二三〇年），正始則是曹魏第三位皇帝曹芳的年號（西元二四〇年—二四九年），歷史上有所謂「正始玄風」，談玄的風氣在此時大為流行。清談在貴族間蔚為風氣，也就影響了文學、影響了詩，在原本的文類成規上，為詩歌創作加入了一些新的元素。

直接和「正始玄風」有關的，是「說理詩」或「玄理詩」的出現，也就是以清談的內容入詩。原本來自民間的五言詩被文人進一步改造，在五言詩架構下填裝這時文人最流行、最感興趣的內容。

中國書法史上最傑出的作品之一，就是王羲之的〈蘭亭集序〉，這篇文章所寫的內容，源自王羲之和友人的一場詩會，為了解釋詩會的來龍去脈，他特別在詩集之前加了一篇〈序〉。後世將王羲之〈蘭亭集序〉的字評為極品，序文也是六朝重要的文學作品，可是相對地，王羲之的詩卻很少有人讀，完全遭到冷落。

這個現象有其原因，主要就在於王羲之寫的是玄理詩。〈蘭亭詩（其三）〉的句子如下：

三春啟群品，寄暢在所因。
仰視碧天際，俯瞰淥水濱。
寥閴無涯觀，寓目理自陳。
大矣造化功，萬殊莫不均。
群籟雖參差，適我無非新。

暮春三月，大地一片生機蓬勃，我們以山水寄託暢快的心情。抬頭看青色的天空，低頭俯視碧綠的河水岸，在這樣寧靜的自然環境影響下，就覺得好像看到了無限，知覺體會到了萬物的原理。造化真是了不起，所有表面分殊歧異的背後，卻潛藏著統一的秩序。雖然天然氣息吹過不同的物體，產生不同的聲音，只要是能和我的生命相呼應的，都是新鮮美好的。

這是很典型的玄理詩，用詩來說明造化自然的道理，同時標舉「自適」的態度。這樣的詩，其中幾乎沒有任何感情的成分，純粹是說理的，的確和之前的五言詩很不一樣。

還有一種新加入五言詩中的元素，那就是「遊仙詩」。「遊仙」和「玄理」有著微妙的關係，兩者的基本態度都是要遠離世俗的。「遊仙」是用尋訪仙人、模仿仙人的意趣來迴避世間混濁。寫遊仙詩最有名的是郭璞，從他寫的眾多首〈遊仙詩〉中，我們任選一首來讀：

青谿千餘仞，中有一道士。
雲生梁棟間，風出窗戶裡。
借問此何誰？云是鬼谷子。
翹跡企潁陽，臨河思洗耳。
閶闔西南來，潛波渙鱗起。
靈妃顧我笑，粲然啟玉齒。
蹇修時不存，要之將誰使。

詩中描述的像是後來文人畫中的景象：高高的山夾著青綠的溪流，中間有個道士，道士居住的屋子有雲穿來穿去，風則從窗戶進進出出。這道士是誰呢？原來就是知名的仙人鬼谷子，他生活清靜，受不了市廛與權力的喧囂，在代表大自然的河邊，就產生了效法前賢以河水洗耳朵的想法。有別的仙人踏著水波從西南方來，還有仙女回頭露齒微笑……

11 陶淵明〈挽歌詩〉，橫空出世的突破思路

稍微理解了五言詩的文類狀況，我們才更能準確地掌握陶淵明詩在文學史上的突破性意義。陶淵明出現時，五言詩還沒有完全擺脫樂府和民歌的影響，有著固定的歌一般的聲音安排方式，至於所承載的內容則有新有舊。舊的是感慨、哀思，悲傷因為流離戰亂而不在故鄉的人，或悲傷不可逆的時間之逝。新的內容呢？則是從正始年間流行起來的「談玄」或「遊仙」的內容。這就是當時人所認定的詩的模樣。

陶淵明寫的是什麼樣的詩呢？看看他的〈挽歌詩（其一）〉：

有生必有死，早終非命促。
昨暮同為人，今旦在鬼錄。
魂氣散何之？枯形寄空木。
嬌兒索父啼，良友撫我哭。
得失不復知，是非安能覺？
千秋萬歲後，誰知榮與辱！
但恨在世時，飲酒不得足。

這首詩光是詩題所顯示的設定就很特別，這是一首「自輓之詩」，也就是想像自己死了，先給自己寫好哀悼的內容。「自輓」的做法，意味著選擇主動思考死亡，這態度中就帶有一份豁達。依照五言詩原本的文類慣習，我們預期這種思考死亡的題材，自然會凸顯關於人生苦短、去日苦多的感慨。

但陶淵明不是那樣寫的。他起筆就說：人生來必有死，死有各種原因，死得早不見得是命運短促的結果。昨天晚上還跟大家一起為人的，今天早上就變成了鬼，生死的界線如此幽微，而且生死的變化總是如此突然。讓我成為人的那副魂靈散了之後到哪裡去了呢？只剩下躺在棺木中枯槁的形體。年幼的孩子哭著要爸爸，好朋友則撫著我的屍體哭。死都死了，不會知道得失，也同樣不能察覺是非了吧？時間總會過去，過得夠久了，生前在意的所有榮與辱，也就一併消失，沒有人知道，也沒有任何意義了。如果說死去有什麼遺憾，那應該是活著的時候酒喝得不夠多，沒有真正喝夠啊！

陶淵明先將時間拉到死亡之後，死後什麼都不知道了，自己不可能再計較什麼。然後再拉大時間的尺度，「千秋萬歲」之後，今天存在的一切不只都消失了，而且都被遺忘了，還有什麼好在意的，又要如何在意呢？當然，全詩最精彩的神來之筆在最後兩句。以如此絕對的時間尺度思考，相對性的榮辱都無從計較了，死亡也就不該有任何遺憾。然而從當下設想死亡，能想到的唯一牽掛反而是：啊，死了就不能喝酒了！不管活得長或活得短，不能再喝酒這件事想起來就令人難過啊！

這樣的思路、這樣的精神，乃至這樣的幽默感，都不曾出現在過去的五言詩中。陶淵明簡直是橫空出世，沒有來由！勉強要替他找來歷，頂多只能追溯到嵇康，有類似面對生死的豁達。

如嵇康的〈酒會詩七首（其二）〉：

淡淡流水，淪胥而逝。汎汎柏舟，載浮載滯。
微嘯清風，鼓楫容裔。放櫂投竿，優遊卒歲。

一如曹操的〈短歌行〉，為了表達切身的感受，嵇康選擇了四言的形式，也順著四言體裁而使用了《詩經》的古典句型。淡淡的流水持續流過，水上漂浮著時動時不動的木船，船上的人迎著清風、放著釣竿，自在地度過悠悠時光。

這樣的詩沒有深意，也沒有太多韻味，難得的只是那份安適自在的態度。人和自然、和時光泰然相處，毫不勉強，這樣的態度最接近陶淵明以五言詩所創造、所表達的內涵。

陶淵明作品的關鍵價值，就在於他進入了《古詩十九首》所代表的五言詩形式內部，充分掌握了這個形式傳統的所有優點，卻轉而賦予五言詩完全不一樣的、甚至是與傳統相反的精神。

12 不做文體革命家，而是內容創新者

應該沒有人沒讀過陶淵明的這首〈歸園田居（其三）〉：

種豆南山下，草盛豆苗稀。晨興理荒穢，帶月荷鋤歸。
道狹草木長，夕露沾我衣。衣沾不足惜，但使願無違！

還有標題相同的另一首〈歸園田居（其二）〉：

野外罕人事，窮巷寡輪鞅。白日掩荊扉，虛室絕塵想。
時復墟曲中（或作「墟里人」），披草共來往。相見無雜言，但道桑麻長。
桑麻日已長，我土日已廣。常恐霜霰至，零落同草莽。

前面一首先描述了極平常的農事，在田裡勞動到月亮出來才扛著鋤頭要回家休息，接著細膩地凸顯了回家路上的一段小體驗：走在狹窄的道路上，路兩旁有長得茂盛的植物，走過去就必然要和草或枝葉擦身，於是草或枝葉上的夕露就沾到了衣服上……

夕露沾上衣服不會是壞事啊！讓人感覺自己與自然如此親近，也引動了期待的聯想，希望剛剛辛苦耕種的豆田，也能像路旁的草木一樣繁盛生長，那麼辛苦就沒有白費，勞動中必然抱持的豐收願望也就能達成了。

第二首則形容了安靜、孤獨的環境。沒有人、更沒有車馬會經過的地方，即使是白天都如此空靜，門虛掩著，一個人喝著酒，世俗的念頭也就無從侵擾。偶爾會遇到的，都是純樸的鄉下種田人，交談中沒有什麼客套、也沒有什麼空話，講的都是你們家的作物長得好不好之類的。隨著時間、季節推移，作物持續成長，開墾的土地愈來愈廣，唯一憂慮的是，一旦秋天到了，霜降下來，大自然才不管你花多少力氣照顧這些作物，將一視同仁地讓作物和草莽一併凋零……

在文字風格上，陶淵明的詩承襲了原來的五言詩，帶有清朗的淺白性質，如「有生必有死，早終非命促」，這是大白話；「荒草何茫茫，白楊亦蕭蕭」（〈挽歌詩（其三）〉），這是簡單的疊字修辭。這種風格不是陶淵明發明的，而是明顯套用了五言詩的既有表達方式。這種風格和後來逐漸揚棄民間淺白性質、讓詩變得華麗繁複的南朝文人寫法，比如收在《玉臺新詠》裡的那些詩大異其趣。

不過，陶淵明雖然承襲、套用這些文辭，卻表達出很不一樣的生命情調。陶淵明不是文體上的革命家，卻是個不折不扣的內容創新者。他如何成就內容上的開創呢？很大一部分展現在新鮮的詩句先後順序安排，尤其講究詩的結構轉折，以及結尾處的餘韻。

這當然不單純是文學技法，也不單純來自陶淵明的文學才氣。在他之前寫五言詩的人，比如曹丕、曹植，他們也都有很高的才氣，然而他們寫的五言詩和陶淵明不在一個等級上，關鍵的差異應該還是在生命的感受。要有真實、強大且敏銳的生命感受，才能像陶淵明這樣，突破文類習慣所形成的羅網，寫出全新的作品來。

13 田園詩：閒適自得、順其自然的情趣

陶淵明寫出什麼樣的新內容？首先，他的詩中帶有一種「閒適」、「自得」的情趣。閒適、

自得在六朝不是新鮮事，六朝大為流行的《莊子》，書中就教導人活著最好的方式，就是讓自我和環境以放鬆、舒服、不勉強的姿態相處。雖然自魏晉以降，名士們對於「閒適」、「自在」說了好多，但基本上都是落在道理上。在行為上，名士表現的卻是刻意反抗既有規範，因而形成了驚世駭俗的反傳統風格。

陶淵明卻在詩中寫出了閒適、自在的體驗與感受，而且用那樣簡白素樸的語言，讓讀者容易被說服，相信必然真的有如此閒適、自在的生活，才寫得出這樣的詩。因而也就被詩中的情境與心境感染，生出了對於閒適、自在的體會和嚮往。

另外，陶淵明的〈飲酒詩（其五）〉為何那麼有名呢？

> 結廬在人境，而無車馬喧。
> 問君何能爾，心遠地自偏。
> 採菊東籬下，悠然見南山。
> 山氣日夕佳，飛鳥相與還。
> 此中有真意，欲辯已忘言。

「此中有真意，欲辯已忘言」，詩的結尾點出了弔詭的意念——「真意」是不能用「辯」的。而「辯」，也就是雄辯滔滔地講道理，正是六朝從清談風氣流傳下來最興盛的習慣。詩要說、要傳遞的，是道理無法企及的感受，是找不到說理的語言能表達的，讓人從有形的文字讀到背後無法直接由文字意義來訴說的經驗與體會，這是陶淵明作品神奇的突破性素質。

再者，陶淵明的詩在表現「自然」上開闢出新路。「自然」有雙重意義，既指由各種動物、植物、地理樣貌所構成的「大自然」，同時也指不受人工作用影響、管轄大自然的「自然而然」道理。閒適就是不勉強、不造作，順其自然，抱持著這種心態對待生活，於是能享有一份恬靜，一種不驚心、不激動的自在。

陶淵明善於用大自然的現象來營造順其自然、自然而然的態度，巧妙地將這兩層「自然」的意義結合在一起。換句話說，我們可以、也應該虛懷地和大自然相處，領受大自然自然而然的變化，培養出順其自然、閒適自在的性格。

這又和「正始玄學」流行的風格形成了強烈對比。再看陶淵明的〈飲酒詩（其七）〉：

秋菊有佳色，裛露掇其英。
汎此忘憂物，遠我遺世情。
一觴雖獨進，杯盡壺自傾。
日入群動息，歸鳥趨林鳴。
嘯傲東軒下，聊復得此生。

陶淵明只講秋天的菊花，從真誠、敏銳地感受秋菊本身的美，進而暫時遠離世俗的煩憂計較。這是與自然之美相遇後產生的瞬間效應，心情被改變了，本來是一個人獨自喝酒，在如此的美感映襯下，日落時分的自然動靜，突然都變成生活中的有機部分，與人相伴。

那些在清談中也愛說「自然」的名士們，相對地存在著高度的矛盾。他們的態度一點都不自然，他們在清談中講究的種種化妝、衣著、儀容、道具、規矩、程序，怎麼可能讓自己閒適自在呢？在名士那裡，「自然」是最不自然的話題，而且以最不自然的形式來談論。

14 詩可以豁達，陶淵明無可取代的地位

陶淵明是陶侃的後代，陶侃活躍的地區是長江中上游，也就意味著陶淵明不屬於江南的世家貴冑。他沒有沾染世家名士的習氣，而他在四十歲左右辭去彭澤令之後，更是有意識地和那樣的生活完全隔離。他選擇了親身耕種、親近土地的農業生活，因而得以創造出特殊的「田園趣味」。

「田園」一方面是一種生產形式，一種和生產勞動相應的生活，另一方面則是感官、感覺的

模式與價值，而且後者更為重要。人在田園生活中和大自然的生息榮枯變化密切相處，於是大自然的韻律會透過各種躲都躲不掉的方式包圍、薰染，使得人的感官、感覺格外敏銳。身處田園之人，也必然從自然的秩序與潛藏的美感中得到許多感動。

那個時代的人很在意如何追求「適性」，但都是用討論、思辨的方式。陶淵明用詩展現了另一種更有力、更迷人的可能性。與其不斷討論《莊子》所形容的「至人」，不如單純地將自己放置在田園的生產生活中，關心、觀察桑麻的成長，每天走在路上感受草葉上夕露沾身的感覺。這樣的經驗，比任何說理雄辯更具有實質的生命衝擊力與影響力。

陶淵明的詩改變了中國五言詩的發展方向，他的詩使得原本正在崛起和試驗中的玄理詩、遊仙詩相形之下失去了動能。玄理詩千方百計鋪陳道理，對「自然」說得再多，一旦遇到陶淵明如此直接傳遞自然感受的作品，當然相形見絀，失去了繼續存在與流傳的價值。遊仙詩亦然，住在山谷風裡雲裡的仙人，相較於陶淵明所描述的具體生活感受，一來顯得如此虛假造作，二來難免啟人「與我何干」的根本質疑。

陶淵明之後，玄理詩沒有人讀、沒有人寫了，遊仙詩也沒有人寫、沒有人讀了。至於原本就存在的感嘆、悲懷的古詩風格，在陶淵明之後仍然繼續存在。不過陶淵明有效地啟發了後世寫詩的人，讓他們知道詩不只能感傷、詠懷，詩還可以豁達。

魏晉南北朝重視自然適性，然而真正的「豁達」在那個時代還很罕見。一直要到唐朝，尤其盛唐那一段時期，「豁達」才成為時代的主題，李白就是這種風格最重要的繼承者與開創者。

讀李白的詩，不見得會直接聯想到陶淵明；然而將五言詩如此整理後，我們就能清楚地看出，如果沒有陶淵明的突破，不可能會有盛唐時圍繞著李白所產生的這種特殊的曠達、豁達的詩。在這樣的歷史變化上，陶淵明絕對有著無可取代的地位與價值。

第七講

重新評價六朝駢文

01 古文運動打不倒，駢儷風吹拂千年

中國文學史上，有大名鼎鼎的「唐宋八大家」，以韓愈為首，還有同在唐代的柳宗元，加上北宋的歐陽修、「三蘇」（蘇洵、蘇軾、蘇轍），以及曾鞏、王安石。這八個人的作品有什麼特殊獨到之處？最重要的是，他們寫的都是「古文」。

唐宋八大家以韓愈為首，就是因為他大張旗鼓發動了「古文運動」。顧名思義，那是主張不要依照當時現實流行的方式寫文章，明白地反對「今文」，所以要取法古人文章的精神與風格。韓愈強烈反對的「今文」，主要就是「駢文」，又叫做「四六文」。

要欣賞唐宋八大家，要理解古文運動，就不能不弄清楚他們為什麼那麼反對駢文。於是更進一步，我們也就不能不認真探問：駢文究竟是什麼？在歷史上駢文是如何形成、又如何演變的？還有，經過古文運動的攻擊之後，駢文就沒落、消失了嗎？

先從最後一個問題回答起。距離韓愈的時代超過一千年，比我們的時代只早了一百年，有另一場重要的文學革命，那就是「新文化運動」中的核心事件——「白話文運動」。參與其間的主要旗手之一是胡適，而其中一篇重要的宣言就是一九一八年胡適所寫的〈建設的文學革命論〉[8]。在這篇文章中，胡適綱舉目張地提出了「八不主義」，列舉出新文學應該避免、應該反

對的八種寫法。

「八不主義」的第五項，赫然是「不重對偶：——文須廢駢，詩須廢律」。原來直到二十世紀初，「駢」都還在文學革命的反對之列，很顯然這樣的文學寫法，在古文運動之後又延續了一千多年，根本就沒有被古文運動打倒。

其實胡適「八不主義」的第三項「不用典」，也和駢文有很密切的關係。駢文又稱「四六文」，就是因為文中的句子單位，幾乎毫無例外都是四字一句或六字一句。如果有兩個四字句子或兩個六字句子接連出現，就必須要對偶，也就是前句如果是兩字的動詞，後句在同樣位置也必須是兩字的動詞……

對偶的寫法，尤其是只能運用四、六字短句，必然大大限制文章的表達。於是要寫稍微複雜一點的敘述或經驗，通常就必須動用典故。典故也就是一種縮寫的形式，把一件事用三兩個字來代表，而有經驗、有能力的讀者，讀了這三兩個字就能自行進行還原，於是文章能傳遞的訊息就變得豐富了。

有意思的是，在白話文運動中和胡適並肩作戰的陳獨秀，也寫過一篇重要的宣言〈文學革命

8 胡適的〈建設的文學革命論〉，原載於《新青年》雜誌第四卷第四號（一九一八年四月十五日）。後面提到陳獨秀的〈文學革命論〉，則發表於《新青年》第二卷第六號（一九一七年二月一日）。

論〉。文章中陳獨秀將文學革命的主張總結為三句話：「推倒雕琢的、阿諛的貴族文學，建設平易的、抒情的國民文學；推倒陳腐的、鋪張的古典文學，建設新鮮的、立誠的寫實文學；推倒迂晦的、艱澀的山林文學，建設明瞭的、通俗的社會文學。」陳獨秀的這三句話，不只不像胡適寫的那麼直白，而且三句話都是用對偶的方式寫的。

動詞「推倒」與動詞「建設」對偶；形容詞「雕琢的阿諛的」先是與「平易的抒情的」對偶，同時又對偶「陳腐的鋪張的」和「迂晦的艱澀的」；名詞「貴族文學」先是對偶「國民文學」，同時又對偶「古典文學」和「山林文學」……。駢儷的文字風格影響多大、傳留多久，由此可見！

02 應用文尚駢，文言文的最後據點

從胡適、陳獨秀的年代到今天，又過了大約一百年，這一百年來最大的改變之一，便是文言文不斷地沒落、消失。現在的年輕學子在受教育過程中沒讀過幾篇文言文，從來沒有真正養成閱讀文言文的能力，平常連文言文幾乎都要看不到了。那麼我們是不是可以很肯定地說：文言文尚

且如此，駢體文更是徹底死透了吧？

還不能說得那麼快、那麼肯定。至少在臺灣，還有一個人們不得已需要進出的地方會遇到駢體文，那就是殯儀館。殯儀館到今天還有輓聯，輓聯一定是駢儷對偶的文字。殯儀館裡現成的輓聯甚至都不用毛筆寫了，而是直接用標準楷體字印出來，有些更「進步」的地方會用「電子輓聯」，輓聯不印在白紙上，而是顯示在液晶螢幕上。

殯儀館裡傳統的告別式，到現在還有「宣讀祭文」的儀式。一如輓聯，祭文也是現成的、千篇一律的，而且一般都還是用駢體寫成的。這麼看起來，韓愈所主張使用的「古文」，涵蓋「古文」在內的文言文，今天都差不多退場了，偏偏從唐代開始被嚴厲批評、被嫌棄的駢體文，竟然死而不僵，繼續占領著現代生活的小小角落，反而成為文言文的最後據點。

為什麼會這樣？最簡單的解釋是：因為駢文有用。駢體最常出現在應用文裡。胡適擬「八不主義」時，腦中應該浮現出生活中遭遇的許多駢體文吧！洪憲帝制成立，袁世凱即位的宣告是用駢體寫的；北洋軍閥彼此通電互責乃至宣戰，需要有檄文，都是用四六文體寫成的。看在胡適等人的眼裡，這真是最討人厭的東西；中國的文字如果要能對一般大眾有意義，能夠盡到社會啟蒙的責任，當然首先要取消裝模作樣的駢文。

我手上有一本張仁青教授編選的《歷代駢文選》，是早在一九六三年出版的老書。翻開目錄頁，第一篇選的是劉琨的〈勸進表〉，接著選了三篇顏延之的作品，分別是〈祭屈原文〉、〈三月三日曲水詩序〉和〈陶徵士誄〉。且讓我們用這幾篇文章大致了解一下駢體文的作用。

這四篇都是應用文。第一篇是勸晉元帝司馬睿即位的文章；第二篇是祭文，到汨羅江邊獻祭給屈原的；第四篇則是為了給陶淵明一個正式的謚號，說明為何要以「靖節先生」來尊稱甫去世的陶淵明。

乍看之下不像應用文的是第三篇，看標題似乎是為詩所寫的序文，實際上不是。三月三日是上巳節，人們習慣上要聚會飲觴，也就是喝酒，同時要為國家祈福。這篇文章就是要應用在這種場合，歌頌國家興盛、讚美國家強大的。

03 讀劉琨〈勸進表〉，好好認識駢文

以劉琨的〈勸進表〉為代表，我們好好認識一下什麼是駢體文。文章開頭第一段是：

建興五年三月癸未朔十八日辛丑，使持節散騎常侍都督河北並冀幽三州諸軍事、領護軍匈奴中郎將、司空、并州刺史、廣武侯臣琨，使持節侍中都督冀州諸軍事、撫軍大將軍、冀州刺史、左賢王、渤海公臣磾，頓首死罪，上書。

很長的一段文字，然而其實沒有什麼內容，只是將聯名上書的兩人——劉琨和段匹磾——的正式頭銜詳細地羅列出來，加上這種文章形式上的禮貌用語「頓首死罪」，如此而已。「建興」是西晉最後一位皇帝愍帝的年號，建興五年為西元三一七年。

接著第二段寫道：

> 臣琨臣磾，頓首頓首，死罪死罪。臣聞天生蒸人，樹之以君，所以對越天地，司牧黎元。聖帝明王鑒其若此，知天地不可以乏饗，故屈其身以奉之；知黎元不可以無主，故不得已而臨之。社稷時難，則戚藩定其傾；郊廟或替，則宗哲纂其祀。所以弘振遐風，式固萬世，三五以降，靡不由之。

重複「頓首」、「死罪」之後才展開正文，說上天生了一般人，便要為他們立一位領導人，對應天地的意志，管理無知的人民。從這裡就開始「四六」的基本句法，「臣聞天生蒸人」上句六字，「樹之以君」下句四字；然後「所以對越天地，司牧黎元」也是上句六字、下句四字。然後從「天地」、「黎元」衍生出兩個對偶的句子，「知天地不可以乏饗」對「知黎元不可以無主」，「乏饗」對「無主」，這是上句對上句；對稱的還有下句對下句，即「故屈其身以奉之」對「故不得已而臨之」，「屈其身」對「不得已」，「以奉之」對「而臨之」。

文章所說的意思是，因為要有人祭祀天地，要有人領導廣大的人民，所以了不起的君王不得不勉強自己承擔起責任。國家有動亂時，親族或左右的力量要努力予以扶持，如果有天子去世了，那就得從世系子孫中找人予以繼承，弘揚祖先的功業，確立萬世的楷模。「三五」指的是「三皇五帝」，就是一個縮寫的典故，意即從三皇五帝以降，天下都是遵循這樣的規範。

再接著第三段：

臣琨臣磾，頓首頓首，死罪死罪。伏惟高祖宣皇帝肇基景命，世祖武皇帝遂造區夏，三葉重光，四聖繼軌，惠澤侔於有虞，卜年過於周氏。

仍然重複以「頓首頓首，死罪死罪」開頭，然後敘述晉朝的來歷。高祖宣皇帝依憑天命奠定了基礎，接著世祖武皇帝統一了華夏地區，連續三位皇帝將王朝發揚光大，傳到第四位皇帝。這時候晉朝情勢一片大好，人民的情況堪可媲美虞舜統治時期，預計朝代延續的時間可以超過周代的八百年！然而：

自元康以來，艱禍繁興，永嘉之際，氛厲彌昏，宸極失御，登遐醜裔，國家之危，有若綴旒。

這裡語意一轉：自元康之後，就開始出現各種禍難，到永嘉年間，狀況更加惡化。晉懷帝之時，洛陽被劉曜攻陷，天子被俘，無法繼續駕馭天下，進而在「醜裔」——次等血統的人——手中喪命。這時候國家如此危險，就像是穿著線掛在用來裝飾皇冕的「旒」上的珠子，隨時可能斷掉失落。不過：

> 賴先后之德，宗廟之靈，皇帝嗣建，舊物克甄，誕授欽明，服膺聰哲，玉質幼彰，金聲夙振，冢宰攝其綱，百辟輔其治，四海想中興之美，群生懷來蘇之望。

此處語意再一轉：還好藉祖先保佑，太后扶立了晉愍帝，恢復了舊秩序。新的皇帝有種種優點，上天賜給他智慧聰明、美好質地，年幼時就表現得很明顯。皇帝身邊的大小官員都努力協助，於是四海有了中興的希望，老百姓像是從昏迷中甦醒過來。但是：

> 不圖天不悔禍，大災荐臻，國未忘難，寇害尋興。逆胡劉曜，縱逸西都，敢肆犬羊，凌虐天邑。臣等奉表使還，仍承西朝，以去年十一月不守，主上幽劫，復沉虜庭，神器流離，再辱荒逆。臣每覽史籍，觀之前載，厄運之極，古今未有，苟在食土之毛，含氣之類，莫不叩心絕氣，行號巷哭。況臣等荷寵三世，位廁鼎司，承問震惶，精爽飛越，且悲且惋，五情無主，舉哀朔垂，上下泣血。

這裡很快地又再一轉：沒想到上天竟然又降下連續的災難，前一個還沒走，後一個又來了。劉曜再度為害，帶兵侵入西都長安，放肆他那些如同犬羊般的暴民，在長安妄作非為。我們這些為臣下的雖然盡力想守住長安，但長安畢竟還是在去年十一月淪陷，愍帝也遭擄走，國家再度陷入沒有皇帝至高權力的狀態。從史書上看到過去各朝的經歷，從來沒有記錄過像我們遭遇的如此可怕厄運。有生命、有感受的人，都因心痛而簡直無法呼吸，大街小巷到處聽得見哭號之聲。一般人都如此，何況是我們這些服務了三代皇帝、承受許多恩寵、並且在朝廷有官職的人，遇到這樣的事，整個人的精神都要散架了，有最深的悲哀與惋惜，感到六神無主。

04 為特定目的、無個人創意、格式先行的文體

〈勸進表〉第四段再度以「頓首頓首，死罪死罪」開始：

臣琨臣磾，頓首頓首，死罪死罪。臣聞昏明迭用，否泰相濟，天命未改，歷數有歸，或多難以固邦國，或殷憂以啟聖明。齊有無知之禍，而小白為五伯之長；晉有驪姬之難，而重耳主

諸侯之盟。

自然的道理是黑夜之後有白天，黑暗和光明輪流遞變，因而厄運災禍之後，也會改變為順利的好運。我們晉朝承受的天命並未更改，歷數到現在仍然歸於司馬家。在歷史上，有時多災多難的考驗反而使得邦國更加穩固，有時憂患反而得以啟發更大的智慧。這裡先用對偶的句子「或多難以固邦國，或殷憂以啟聖明」呈示道理，再舉歷史上的例證，也就是「用典」。引用的是「春秋五霸」中齊桓公和晉文公的故事，這兩位後來有了顯赫功業的歷史人物，都經歷過因兄弟相爭而出亡的危難。

> 社稷靡安，必將有以扶其危；黔首幾絕，必將有以繼其緒。伏惟陛下，玄德通於神明，聖姿合於兩儀，應命代之期，紹千載之運。夫符瑞之表，天人有徵，中興之兆，圖讖垂典。

國家不安到極點時，一定會出現轉危為安的力量；百姓看來即將滅絕時，總會有辦法可以延續。而如今晉朝正處於命運最谷底的時刻，正是該出現翻轉的關鍵了，從各方面看，陛下就正符合那消長變化的條件。陛下潛藏的素質和神明相通，表現在外的姿儀陰陽平衡，遇上了特殊的時機，繼承了千年的運勢，不管是自然或人世間都出現了各種預兆，標誌著晉朝中興有望。

自京畿隕喪，九服崩離，天下嚻然無所歸懷，雖有夏之遘夷羿，宗姬之離犬戎，蔑以過之。陛下撫寧江左，奄有舊吳，柔服以德，伐叛以刑，抗明威以攝不類，杖大順以肅宇內。純化既敷，則率土宅心；義風既暢，則遐方企踵。百揆時敘於上，四門穆穆於下。

自從長安淪陷之後，整個帝國架構瓦解了，一片混亂無法安定。這種狀況比夏朝和西周末年遭遇的災禍有過之而無不及。幸好有陛下在南方穩定局面，控制住原先吳國的疆域，對服順的懷柔以待，對叛變的就動用刑罰，以威望收攝不規矩的，整頓了四方。陛下成功地讓人民歸心，遠方的人都墊著腳尖期盼著您。如此重新建立統治，百官與諸侯都再度上了軌道。

昔少康之隆，夏訓以為美談；宣王之興，周詩以為休詠。況茂勳格於皇天，清輝光於四海，蒼生顒然，莫不欣戴。聲教所加，願為臣妾者哉！……

此處再度運用典故，夏朝有「少康中興」，西周有「宣王中興」，都讓原本衰頹的朝代得以重振聲威，在歷史上留下許多讚美他們的文辭。陛下的功業上比皇天，陛下的聲譽散布四海，每個文明所及之地的人民都樂於接受陛下的統治。……

仔細閱讀這樣的文字，我們很容易領會駢體文的特質。首先，這是應用文，是為了特定目的，甚至是特定儀式所需而寫的。文字依循一定的格式，而且不斷誇飾鋪陳，動用的都是現成的套語或典故，以至於讀者不會覺得文章裡要表達的是作者的真心真意。

也就是說，駢文違背了一般對於文學作品的基本要求，然而這卻是駢文之所以成立、之所以存在的理由。駢文的重點在於文字的堆砌與鋪排，進而產生集體儀式上所需的作用。像〈勸進表〉所需要的，就是盡量抬高「勸進」對象的成就與地位，符合在非常時期不能按照原本繼承規則讓新皇帝登基的需要。非常的情境，自然需要文字來顯示這位即將登基的皇帝人選，果然是非比尋常的。

再者，駢文沒有什麼個人發揮的空間，主要不是用來表達個人經驗與感受的，而是針對特定場合，依照既有規則造作出來的文字。例如在這樣一篇勸進文寫作之前，已經先有了「勸進」場合所需文章的格式，駢文作者要做的，就是按照格式將適當的字句填進去，不需要個人創意，也不能有個人創意。

也就是說，這種應用文的格式比內容更重要，是格式先行的文體。因而要從歷史的角度理解、評價駢文，我們的對象就不會是個別的作者或作品，而是文體，尤其是文體格式。

05 從「四聲」探源，重大的文字設計實驗

從文體格式的角度看，駢文是中古時期出現的重大文字設計實驗。參與其中的六朝貴族，尤其是南朝文人，有意識地針對中國文字的特性，開展出特殊的設計方向。中國文字是「單字／單音」的，每個字都只有一個單一聲音，這是很早就確立下來、不會改變的。在這個時期，針對這樣的特性，出現了「對仗」和「協韻」的設計。

「對仗」和「協韻」的運用早就存在，比如《古詩十九首》中的「青青河畔草，鬱鬱園中柳」，在文義上是對仗的，而且也用到疊字所產生的聲音效果。不過到了六朝，當駢文的形式固定下來後，文人是有意識地尋找並建立「對仗」與「協韻」的規律，開發出過去光憑直覺不可能達到的嚴謹程度與眾多可能性。

後世對於聲韻的理解，例如一直使用到今天的「四聲」劃分——平、上、去、入，主要都是在六朝時形成的。六朝之前，中國特殊的「文、言分離」狀況下，文字不是表音符號，很明顯地使得中文的語音系統相對不發達。一直到南朝沈約、周顒之前，中國文字究竟應該發什麼樣的讀音，始終浮動不確定。最常用的是從音樂中借來的「宮、商、角、徵、羽」五聲分類，然而語言的音調和音樂的音調有很大的差距，很難真正配合得上。

要到南朝，借助印度語言傳入帶來的影響，中國才發展出更精確的標音工具。由巴利文或梵文這種印歐語言寫成的佛經進入中國，剛開始並沒有太多聲音上的問題，因為在「格義」階段，基本上是套用中國既有的語詞來翻譯佛經。不過格義方式能傳達的佛教概念很有限，到後來就開始改而採用直接音譯專有名詞的做法。如此一來，必然碰觸到多音語言如何對應中文的問題，還必然在外來語言的刺激下，引發對中國自身語音系統的省視。

於是佛經翻譯進入了新的階段，有更多的專門研究者出現，也有寺院組織推動佛經的解釋與推廣。

此外，佛教的傳揚不只包括對佛經的認識，還有像「梵唱」這樣的信仰儀式。佛教相信誦經可以累積功德，而所誦的經文並不是純粹中文的，因為都用中文的文本相對地沒有那種誦經儀式中所需要的流動音樂性。因而「梵唱」唱的，往往是介於梵文和中文之間的特別聲音，大量保留了像「南無阿彌陀佛」這樣模仿多音節語彙的聲音。梵文的 Amitaba 變成中文的「阿彌陀佛」，那聲音既非梵文、也非傳統的中文。

因為接觸到另一種完全不同的語言系統，而那個系統中語言與文字間完全不一樣的關係，促使六朝時期的中國人重新省視自身的語、文關係，尤其是多音節語言的特性，刺激了對於既有語言的高度聲音意識。

陳寅恪先生早年寫過一篇論文，題目為〈四聲三問〉[9]，即考據漢字「四聲」的來歷。依據他的整理，原本中國語言中最清楚的聲音是「入聲」，因為是短促向下的，最容易辨識，也最早有了標示的方法。至於另外三聲「平、上、去」，則是援用印度傳來的《聲明論》。藉由轉讀佛經的聲調，應用在美化中文上，於是使得「四聲」系統盛行。

特別值得一提的，是南齊武帝永明七年（西元四八九年）二月二十日，當時的竟陵王蕭子良聚集了大批的僧侶，「造經唄新聲」，有意識地創造誦唸佛經的新音調，在訂定文字讀音上是歷史性的大事件。從此確立了「四聲」，而周顒、沈約就是那時候新的「四聲」理論和規律的代表人物。

「四聲」確立後又經過一些重要變化。從古早的「四聲」到現代漢語的「四聲」，最大的變化發生在入聲字上。北方語言中入聲愈來愈不明顯，到後來和去聲混同了。不過發音的主流仍然維持「四聲」，取消了入聲，卻將平聲一分為二，有「陰平」和「陽平」之分，也就是我們現在所說的「國語」裡的一聲、二聲。

「四聲」在六朝形成後，原本從音樂中挪用過來的「五聲」，相應就不再使用了。

06 駢文的堆砌，來自對仗和協韻

有了「四聲」之後，駢文除了詞性、文義的對仗之外，多了聲音變化上的格式要求。前面提到「四聲」理論的代表人物沈約，本身是個駢文大家，也是《宋書》的編撰者。在《宋書・謝靈運傳》中，沈約寫了一段文字，總結謝靈運的文學成就，其中專門強調了聲音方面：

> 夫五色相宣，八音協暢，由乎玄黃律呂，各適物宜。欲使宮羽相變，低昂互節，若前有浮聲，則後須切響。一簡之內，音韻盡殊；兩句之中，輕重悉異。妙達此旨，始可言文。

要有資格寫文章、談論文章，非得先有聲音上的講究不可。聲音的高低起伏必須刻意地錯落變化。前面出現往上揚的聲音，後面就要用有明確短促發音的字予以平衡。「若前有浮聲，則後須切響」，這句子本身就是示範。「浮聲」兩字是平聲，也就是向上的；相對應的「切響」兩字

9 可參考陳寅恪，《金明館叢稿初編——獨立之精神自由之思想》（北京：三聯書店，二〇一五年）。

則是往下沉的，尤其「切」字發音短促，和前面的「浮聲」明確形成對比。

這裡呈現出一種聲音上的追求與理想。一篇文章中應該包含各種不同的音調，要敏銳地分辨聲音的輕重，悉心分配。

「四聲」建立之後，逐漸將中文每個字相應的音調固定下來，也就是每個字都有了特定的聲音性質，如此才有進一步講究聲音安排的可能。從六朝以降，這個可能性開展出一場廣闊的文學實驗，探詢聲音種種不同的遊戲規則。

駢文創作的重點，不在於寫了什麼內容，而在於如何學會對仗和協韻的架構，然後有效地按照規則找到對的字填進去。四字、六字互相搭配，前面的句子決定了後面句子的寫法，如果前面是主詞加動詞加兩個字受詞的四字句子，那麼後面也得是主詞加動詞加兩個字受詞的四字句子。基本上，如果前面句子的聲音是輕輕重重（後來在詩詞上的專有名詞是「平平仄仄」），那麼後面句子的聲音就該是重重輕輕（「仄仄平平」）。

駢文中經常使用冷僻的字詞或典故，但是閱讀起來卻不如想像中那麼困難，因為讀者很容易利用這樣的對仗規律推想出文義。例如前面〈勸進表〉中有「冢宰攝其綱，百辟輔其治」這樣的句子。閱讀時，我們知道「冢宰」的意思，那麼就算第一次看到「百辟」這個詞，一點都不用擔心，因為立刻能藉由和「冢宰」的對仗關係，明白「百辟」必定也是指朝廷官員。再看「冢宰」後面跟的是「攝其綱」，提綱挈領，而「百辟」則是「輔其治」，也就知道「百辟」的位階比「冢宰」來得低。

文章都是這樣兩句兩句組構起來的，所以這種文體被稱為「駢儷」，像是拉車的馬總是兩兩並排一樣。如此一來，使得駢文得以產生兩種效果。第一是作為直接的識字教育工具。每一篇駢文都是字詞在文義與聲音運用上的範本，就像我們認識「百辟」這個詞一樣，可以讓讀者用類推的方式擴充詞彙。第二種效果則是駢文必然是繁瑣冗長的。在駢文裡沒有個別、單獨存在的句子，每個意思都要依循並排的規則至少講兩次，很多時候還為了表現創作者的能力，再多鋪陳講四次、六次。

這樣的文章很難讓人感動。說了「多難以固邦國」，一定要再說「殷憂以啟聖明」；前面舉例說「少康之隆，夏訓以為美談」，後面一定要再加「宣王之興，周詩以為休詠」……

駢文必然是堆砌的，這樣的風格和文章中要進行的對仗、協韻實驗直接聯繫在一起。而在駢文流行的過程中，一方面將文字的「四聲」音調固定了，另一方面也逐漸將許多字詞的意義固定下來。對仗意味著兩兩配對，不管是同義或反義，可以讓字詞互相牽制，也可以彼此定義。

中文字的意義保存得很久遠、很穩定，有一部分是駢文的功勞。利用對仗的形式，將字詞放置在一個複雜的、關聯的網絡裡，字詞間的對仗結構使得字詞意義的變化沒有太大的自由。

07 從《昭明文選》看「文」和「筆」的不同

駢文中一般都大量使用典故，而「用典」是由內外雙重因素造成的。內在因素是駢文的「四六」精簡句法，迫使許多內容必須精煉、濃縮後才放得進來。短句構成的文章沒有可以詳細描述、充分發揮的空間，於是只能簡寫其代表性的梗概，需要讀者憑藉自身的閱讀準備予以放大、還原。

「齊有無知之禍，而小白為五伯之長」，這句話說的是齊桓公一度從齊出亡，然後又回到齊即位為王，再進一步在周天子權力式微的情況下，建立了實質領導諸侯、解決諸侯紛爭的「霸主」地位的故事。要說這樣一個完整的故事，至少得花費兩三百字吧！駢文沒有這種空間可以容納，所以就只用十四個字來提示、代表這個故事。接著再用另外十四個字「晉有驪姬之難，而重耳主諸侯之盟」，提示另一個原本也需要幾百字才能訴說的故事。

這是內在於文類規範的理由。還有外在的理由：六朝之所以出現駢文，和貴族文化有著密切關係。在六朝之前，中國有文章，卻沒有獨立的文學意識；出現了清楚的文學意識是六朝文化的重要特色。

文章有一定的功能，出於一定的作用需求。但是到了六朝，產生了新的文章劃分方式，即分成「文」和「筆」。從形式上看，「文」是韻文，「筆」指的是散文。重視聲音、講究音韻的是「文」，其他的則是「筆」。然而這樣的劃分後來被進一步擴大、延伸來理解。過去人們所習慣、所認知的文章，現在都被歸入價值較低的「筆」的範圍裡，而「文」則是層次較高，一種有意識地去追求、琢磨、雕砌出來的成品。「筆」是目的性的、功能性的，「文」不是，「文」本身就是目的，帶有高度的純粹性。

這樣的發展態勢，到《昭明文選》成書時達到高峰。看待《昭明文選》，有兩個問題不該輕易放過。第一個問題是，書名中的「文」指的是什麼？第二個問題是，編纂這樣一本選集的目的是什麼？

這兩個問題其實有共同的答案。在〈文選序〉中，昭明太子蕭統以負面表列的方式明確地告訴讀者什麼不是「文」，為什麼某些文章不在《文選》的選擇考慮範圍之內。他說：

> 若夫姬公之籍，孔父之書，與日月俱懸，鬼神爭奧，孝敬之準式，人倫之師友，豈可重以芟夷，加之剪截？老莊之作，管孟之流，蓋以立意為宗，不以能文為本，今之所撰，又以略諸。

意思是，儒家經典雖然具有永恆且深奧的內容，但正因為如此，就不能從「文」的追求角度予以更改，於是不在《文選》範圍之中。還有諸子著作，其目的在於表達意念，而不是為了顯現具備寫「文」的能力，所以也從《文選》中排除。

若賢人之美辭，忠臣之抗直，謀夫之話，辯士之端，冰釋泉湧，金相玉振。所謂坐狙丘，議稷下，仲連之卻秦軍，食其之下齊國，留侯之發八難，曲逆之吐六奇，蓋乃事美一時，語流千載，概見墳籍，旁出子史，若斯之流，又亦繁博。雖傳之簡牘，而事異篇章，今之所集，亦所不取。

另外，那些在廟堂上議論、大膽向皇帝直言抗辯的種種記錄，或是縱橫家們說得天花亂墜、能夠發揮巨大作用的言詞，從古代流傳下來的很多，也不在《文選》的考慮之列。

至於記事之史，繫年之書，所以褒貶是非，紀別異同，方之篇翰，亦已不同。若其贊論之綜緝辭采，序述之錯比文華，事出於沉思，義歸乎翰藻，故與夫篇什，雜而集之。遠自周室，迄於聖代，都為三十卷，名曰《文選》云耳。

還有那些專門書寫歷史事件與歷史人物的文章，也和《文選》的宗旨不合，除非是經過深思之後，在文辭運用上有特別成就的，才會納入考慮。以此為標準，從周代到自己所屬的南朝梁，編選出三十卷的《文選》。

蕭統的這篇序文，採用的就是駢體，有著嚴格的排比和華麗的鋪陳，是比〈勸進表〉更成熟、更漂亮的駢文。「賢人之美辭」對「忠臣之抗直」，「謀士之話」對「辯士之端」，「贊論之綜緝辭采」對「序述之錯比文華」，「事出於沉思」對「義歸乎翰藻」等；而且行文中一連堆砌了「狙丘」、「稷下」、「魯仲連」、「酈食其」、「留侯張良」等諸多歷史典故。

用這樣的文字所要表明的，就是他心目中的「文」，不是我們一般常識中所認定的文章。我們不能簡單地將《昭明文選》視為好文章的精選。在蕭統的「文」的標準中，一篇文章最要不得的，就是有用。基本上只要是有用的，寫來主要是發揮某種作用的，不管文章承載的是千古真理或一家之見，是多麼精彩、甚至可以改變歷史的言辯，或是足以將過去的人和事長久保留下來的記錄，都沒有「文」的價值。

「文」的價值主要是由文辭的細密、精緻程度決定的。也就是說，要有超乎功能作用之外，對於文辭的修飾和講究。從功能作用上看沒有必要，單純為了文句的華美鋪張而寫的，這種內容才是「文」，或「文」的標準所認可的。

08 為貴族文化墊高門檻的「用典」習慣

這樣的態度和貴族文化直接相關。貴族文化必然帶有高度的辨別性、表演性，也就是英語所說的 distinction。凸顯出高下分野非常重要，由此不斷強化貴族身分，與其他非貴族階層區別開來。從文字的角度看，最自然、最普遍的做法，就是故意讓文字和語言拉開距離，在文字符號中含藏只有少數人才有辦法、才有資格解讀的意義。

駢文的架構規矩，加上大量使用典故，都明確地墊高了解讀的門檻。腦袋裡沒有那麼豐富歷史知識的人，無法將簡寫、縮寫的文字展開其典故內容；從來沒有學習過對仗和協韻的人，也不可能明瞭文章這樣寫的奧妙。這些都是被用來劃分、區隔什麼樣的人具備貴族文化的條件與背景，這些文章只針對「適當的」讀者，同時將其他人排除在外。

也是從六朝以降，「用典」的性質與方式就在中國文字運用上被固定下來。六朝之前的文章裡也會提到許多歷史人物、歷史故事，不過使用的形式比較接近「引用」。「引用」意味著原本不知道這人物、這事件的讀者，還可以透過文章大致了解那是什麼，因為文章裡還提供這樣的基本解釋。到了六朝之後，基本上就取消了這種對讀者的體貼，或者說，就自然地對讀者有了更高的要求。

依照文意的需要，有時甚至是依照文章格式上的需要，比如寫下「荊軻蕭蕭易水別」幾個字後，就沒有作者的責任了。讀者自己應該要有知識背景，不只知道荊軻是誰、易水之別是怎麼回事，還要知道荊軻到秦國試圖刺殺秦王的過程中發生了什麼事。因為作者在動用這個典故時，所要強調的重點不見得就是易水之別。

這樣的用典方式，極大地豐富了文章的內容，讓中文可以用最精簡的方式表達更豐富的意涵。連帶地，也就賦予中文特別強調、看重精簡的價值觀念。影響所及，中國文人創作的作品，往往可短不可長，字數少的文體在中國大有發展；相對地，規模較大的文章形式就受到一定程度的壓抑。

也因為如此，中文在表達、溝通的功能之外，又具有分辨群體的作用。甚至可以說，文章對於分辨、區隔群體的作用考量，經常壓過了表達、溝通的功能。唐代開始的古文運動打著鮮明的旗幟反對駢文，然而即使經過唐代、宋代兩波古文運動的衝擊，「用典」和「解典」在文章寫作和閱讀上，依然保留著再重要不過的地位。

六朝以降，作為讀書人不能不培養基本的學術工夫，那就是熟記歷史中的主要人物和事件，以便遇到「用典」時能有效地予以解讀。在此之上，有時還有更高的要求，最好連這些典故出處的原文都能夠背誦，才有辦法更全面地解讀典故。換個角度看，受過這樣訓練的文人，寫起文章來也就必然以能夠廣泛「用典」、以不同方式「用典」作為重要的追求目標。

透過典故，留在中國文人心中的另一項作用，就是他們和歷史、和過去的人與事格外親近。

過去發生的事不會真的過去，會不斷成為他們寫文章乃至進行思考的必備資源。他們的生命中有根深柢固、強大的歷史意識。對他們而言，歷史不是身外的知識，而是透過文字、透過典故內化在他們的生活中，成為主導他們如何看待自己和外在環境的一股巨大力量。

09 近體詩的格律，站在駢文的設計基礎上

駢文自身形成了一個傳統，歷經唐宋古文運動的鄙薄、反對、排斥，卻一直保留了下來。那樣固定死板的規則，加上主要運用在應用文這一性質，使得駢文在文學成就上很難取得較高的評價與尊重。中國文學史上關於文學主流的演變，一般說法是：漢賦—唐詩—宋詞—元曲—明清小說，也沒有駢文的位置。

然而駢文還是有其重要的歷史意義，如果沒有駢文開創出的文字實驗與設計精神，不會出現後來唐詩的蓬勃發展。

唐詩的核心是近體詩，包括絕句和律詩。說到唐詩，很多人立刻就想到「李杜」——李白和杜甫。然而從詩體的運用上看，李白和杜甫截然不同。李白擅長的是古詩，而杜甫最高的成就卻

是近體詩，尤其是律詩。古詩和近體詩的根本差別就反映在李白和杜甫的風格上。李白「恣意雄渾」，他的詩有一種氣魄，那氣魄是和古詩所提供的相對自由空間有關聯的。李白沒有耐心琢磨近體詩所需的嚴格對仗規律。比如律詩八句中，每兩句構成一聯，八句組成首聯、頷聯、頸聯、末聯，其中頷聯和頸聯必須嚴格對仗。杜甫的律詩為什麼精彩？因為他找出了近乎無窮的對仗變化的可能性。

近體詩的規律，尤其是對音韻和對仗的要求，就是建立在駢文的實驗與設計基礎上的。若是從唐代近體詩的成就回頭看，我們就能明瞭駢文的重要意義。駢文造好了架構，考驗著日後所有運用中文的人，讓他們對於中文的聲音與意義規則，必須具備高度的自覺，必須培養出在這個架構中去營造「對的」文句與文章的本領。

近體詩在這種文字規律的緊張感中才得以產生。不同於古詩，近體詩用形式將詩人綁得緊緊的。從聲音到意義都有好多規矩，不懂這些規矩的人根本寫不出近體詩，也無從欣賞近體詩。有一種詩叫「打油詩」，指的就是表面上看起來和絕句一樣，五字或七字一句，由四句構成一首詩，卻沒有依照絕句要求的平仄聲音來嚴格安排。

近體詩的音韻何其麻煩！光是平仄的規矩，就使得七言律詩的五十六個字，幾乎字字都在聲音上彼此連動，第一句的第一個字落下，就決定了後面所有字必須符合的聲音要求；落了第二句的最後一個字，也就決定了這首詩的「韻腳」，後面第四、六、八句的結尾也都要使用這個「韻」。韻不只關係到韻母，還分「平聲韻」與「仄聲韻」，絕大部分的詩都採用「平聲韻」，雙數句的最後一字落在平聲上，於是對應的，單數句的句尾最後一字就會落在仄聲上。

這些規矩複雜到今天光是要我們寫出兩句完全合律的詩句，大部分的人也都做不到吧！然而在唐代，最聰明的人不只掌握了這些規律，進而內化了這些規律，不需要想、也不需要特別對照檢驗，就能自然寫出合律的詩句。更進一步，他們還要在如此嚴格的限制中發揮創意，寫出不一樣的詩，也就是在限制中找到自由、發揮自由。

欣賞唐詩，如果不深究這些規律，就永遠無法準確分辨詩的高下好壞。因為不同的詩在寫作上有不同的難度，在克服限制、展現自由上有不同的成就。我們不只要看到字詞表現的內容，不只要聽到聲音所構成的平衡錯落，還要體會這樣的詩如何既應和規律、又超越規律，找出別人想不到的寫法。

10 〈與宋元思書〉：忘卻其為駢文的駢文佳作

這一切，是由駢文開端並奠下基礎的。我們也可以用這種態度，即審視限制與自由間辯證關係的美學態度，來欣賞六朝傳留下來的部分駢文作品。

最好的駢文，是讓人忘卻其為駢文的作品。例如南朝梁吳均的〈與宋元思書〉，文類上是書信，是作者寫給朋友的一封信。開頭寫道：

風煙俱淨，天山共色，從流飄蕩，任意東西。自富陽至桐廬，一百許里，奇山異水，天下獨絕。

一開頭先說自己所在的環境，人在船上，從富陽航行到桐廬，沿途有漂亮的景致，而且空氣清淨，天空顯現出蒼青的顏色。細看才發現，最前面八個字「風煙俱淨，天山共色」原來是對仗的，「風煙」對「天山」，「俱淨」對「共色」，工整得不得了。「風煙」和「天山」不只都是名詞，而且都是自然，「俱」與「共」是同義的動詞，「淨」和「色」都是視覺效果。

水皆縹碧，千丈見底，游魚細石，直視無礙。急湍甚箭，猛浪若奔。

接著形容河水碧綠（呼應了「天山共色」，實際上是「天、山、水」共色，全幅都是不同的綠）清澈，再怎麼深的河底都看得清清楚楚，有游魚、有細石。游魚動著，細石微小，都是不容易看清楚的，所以特別能彰顯河水清澈到連看游魚和細石都不是問題的地步。

然後來了另一個對句「急湍甚箭，猛浪若奔」，這樣的一條河清澈卻不平靜，水流的速度很快，有些落差的小瀑布如飛箭般急速，掀起的浪像馬一般往前奔跑。「急湍」對「猛浪」，都是形容詞加名詞；「甚箭」對「若奔」，前一字是比較性質的，後一字是名詞。所以從詞性上我們判斷，這裡的「奔」指的是奔跑中的馬，對上射飛的箭。

夾岸高山，皆生寒樹，負勢競上，互相軒邈，爭高直指，千百成峰。

說完了水再說山，山上長著枝葉不是很茂密的樹，一層一層、一排一排，好像比賽著往上攀爬一般。於是前一段描述水的動態感就被延續到這一段，雖然山上的樹原本是靜態的，卻在主觀的想像之眼中擁有了動作意志。這裡有著和前面不一樣的對仗寫法，不是嚴格的相鄰兩句對仗，而是隱藏著讓隔句的「負勢競上」對「爭高直指」。

到這裡，回頭看第一段裡說的「奇山異水，天下獨絕」，原來這是以抽象的方式起的頭，然後一段說「異水」、一段說「奇山」，具體說明如何「天下獨絕」。

泉水激石，泠泠作響；好鳥相鳴，嚶嚶成韻。蟬則千轉不窮，猿則百叫無絕。

前面是用眼睛看到的「奇山異水」，文章一轉，變成了聽覺上的感受。因為都是聲音，用字本身也要配合從聲音上考量。「泉水激石，泠泠作響；好鳥相鳴，嚶嚶成韻」，這又是不一樣的對仗，讓「泠泠作響」隔句對「嚶嚶成韻」。然後接上整篇文章中最清楚、最刻意的一組對仗：「蟬則千轉不窮」對「猿則百叫無絕」。

這裡明白顯現的是「泠泠」和「嚶嚶」兩組擬聲詞，但潛藏著的還有別的聲音效果。「泉水激石」這幾個字的聲母發音有著迫促的感覺，相對地「好鳥相鳴」則選擇了比較舒緩的韻母。蟬聲的描述是「轉」，猿聲則是「叫」，產生了深淺遠近的不同印象。

鳶飛戾天者，望峰息心；經綸世務者，窺谷忘返。

文意再一轉，從客觀、外在的景色，轉到內在、主觀的感受，或者說，客觀景色在觀者內心所引發的主觀感受。處在這種「天下獨絕」的「奇山異水」之間，有著萬丈雄心的人，都會因看著遠山而讓自己安定、安靜下來；處理各種世俗瑣事的人，也必然因看著河谷而不想回到那樣的日常裡。

這裡又有了不一樣的對仗形式，「望峰息心」和「窺谷忘返」是嚴格對仗，而這兩句的上句「鳶飛戾天者」和「經綸世務者」則是鬆散不嚴格的對仗。

文章最後是：

橫柯上蔽，在晝猶昏；疏條交映，有時見日。

橫著的樹枝一根根在上方遮蔽著，擋住了陽光，以至於雖然是白天卻感覺像是黃昏，只有在枝條比較稀疏的地方，太陽才會不時顯露出來。這裡和前面相反，前句「橫枝上蔽」和「疏條交映」是嚴格對仗；後句的「在晝猶昏」和「有時見日」則是不嚴格的對仗。

11 規律中尋找自由，以藝術的審慎面對文字

像吳均寫的這樣成熟漂亮的文章，即使不把它當駢文，仍然可以明確地領受文章所要傳遞的訊息。然而如果意識到這是篇駢文，多花些工夫注意其內在形式，我們就更能體會那份限制中的自由，從而多了一份珍視之情。必須在文字上有高度的敏感，才能寫出這樣依循規矩卻又出入自由的美文。

我們再來欣賞南朝宋鮑照的〈登大雷岸與妹書〉的部分段落。作者站在大雷岸，形容看到的風光：

……向因涉頓，憑觀川陸；遨神清渚，流睇方曛。……南則積山萬狀，負氣爭高。含霞飲

景，參差代雄。凌跨長隴，前後相屬。帶天有匝，橫地無窮。

南邊是一層層的山，各自展現出萬般情狀，看似互相賭氣在比賽著誰比較高。然後將這種擬人寫法再推前一步，形容這些山好像含住了霞光，又將霞光照出來的影子吸進去一般。互相競賽的山高高低低、有贏有輸，一排接連拓展過去，好像將天地都環繞起來了。

東則砥原遠隰，亡端靡際。寒蓬夕捲，古樹雲平。旋風四起，思鳥群歸。靜聽無聞，極視不見。

東邊呢？東邊和南邊大不相同，是一大片無邊無際的平原。黃昏時，蓬草到處捲飛，古樹孤零零地高高直立，似乎和雲一樣高。颳起了方向不定的風，鳥群準備歸巢。那片無垠的景色，使人不免懷疑自己的感官，努力看都看不到，拚命聽都聽不見。

北則陂池潛演，湖脈通連。苧蒿攸積，菰蘆所繁。棲波之鳥，水化之蟲，智吞愚，彊捕小，號噪驚聒，紛乎其中。西則回江永指，長波天合。滔滔何窮，漫漫安竭。

看過南邊和東邊，接著看北邊和西邊。北邊又不一樣，全都是湖泊池塘，有長在水邊的植物，有棲息在水上的鳥，還有水裡的蟲，水中各種活動熱鬧得很！江水在這裡轉了個彎流向西邊，波光彷彿與天空接合，一層層的浪不斷湧動，沒有終極。

下面一段是對江水的觀察引發了感慨：

> 創古迄今，舳艫相接。思盡波濤，悲滿潭壑。煙歸八表，終為野塵。而是注集，長寫不測，修靈浩蕩，知其何故哉！……

從古到今，這條河上曾經航行過那麼多船隻，而所有這些船現在都不在了，船以及船上的人，終究都化為野塵，只有河水持續地奔流著。時間是怎麼回事？被時間帶走的事物去了哪裡？這是我們無法參透、無法理解的……

這樣的文章告訴我們，駢文不只在字句上講究對稱，在整體結構上也要追求平衡。〈與宋元思書〉篇幅雖短，其實也是架式井然。開頭交代場景，提示「奇山異水，天下獨絕」的重點，接著分別寫「異水」和「奇山」的模樣，再寫「奇山異水」的聲音，接著由客觀描述轉入風景帶來的主觀效果，最後則呼應開頭，以帶有餘韻的自然描繪收結。

〈登大雷岸與妹書〉的結構更明確。要說風光，就按照南、東、北、西四個方向逐段書寫，而四個方向看到的風景一定不一樣，各有特色。南邊是山，東邊是平原，北邊是湖水接向江水，西邊是大河。然後不同的景色就要有不同的描繪重點。山凸顯其高，平原凸顯其廣袤無邊，湖水凸顯水中生命的動態，那大河呢？就把滔滔水流和時間的比喻加以聯繫。如此就將客觀的景物轉折到主觀的心境上，藉由河水感受時間的流淌，最後歸結到對自我渺小無知的感慨。

駢文留下了不少至今仍然值得好好閱讀的作品，不應該徹底被遺忘。尤其在當前的環境裡，欣賞駢文畢竟還是可以提醒我們面對文字的一種特殊態度——營造「美文」的態度，如何用心在規律中尋找自由，進而顯現自由、隱藏規律。這個過程中，需要認真面對文字的聲音與意義，細心選擇、細心建構，有意識地進行實驗與設計，也就是以一種藝術的審慎來面對文字，讓文字和日常功能明確地區分開來。

很不幸地，以這種貴族心態成立的駢文傳統，後來卻和最庸俗、最格式化的應用文牽扯不清，導致後世的人無法同情地理解這個文體的特色，以及這個文體對波濤壯闊的唐詩產生的決定性影響。

第八講

重新認識「五胡亂華」

01 中國歷史上一條重要的地理分界線

理解歷史不能忽略的一個外在架構，就是地理的條件。中國地理有幾條重要的南北分界線，對於歷史的發展產生了極大的作用。

其中一條重要的南北分界線是「秦嶺—淮河」，秦嶺在西，淮河在東，這條線大約和年雨量七百五十公釐等雨量線重疊。提到雨量，顯然和農業發展有著密切的關係。農業最簡單的定義就是「經過人為控制的植物生長」，因此植物生長的天然環境，當然就在相當程度上決定了農業的性質。

從文明起源的角度看，雨量造成的最大差異在於「原始地景」。從考古發掘來看，新石器時代的中國原本有「滿天星斗」般共時出現的眾多部落，後來卻是在七百五十公釐等雨線以北形成了中國文明的核心，這是有一定道理的。像臺灣有些年雨量高達三千公釐以上的地區，植物生長相對繁茂，有利於採集式生活，也就是直接依賴自然生產，不需經過人為改造。而且如此茂密的原始地景若要進行人工化的改造，那多麼費力！

而降雨量相對偏少的北方，原始地景比較荒涼，人口稍微成長就得面臨植物生產不足的問題，如果要繼續居住下去，就得找出方法「開闢」土地，也就是必須發展農業。中國北方的黃土地帶，受到降雨量限制，原始植被沒那麼豐富，但土層基本是肥沃的，只需較少的人力就能夠開闢，展開人工化種植，得到不錯的收穫。

七百五十公釐等雨線以南，原始植被比較茂密，若要進行人工開闢，顯然人力投入與工具需求的門檻會比較高。不過一旦進行了人工開闢，降雨量較高地區的農業產出也會比較高。

中國文明的發展軌跡，充分反映了這項地理條件。先是開闢門檻較低的北方發展了農業，然而北方農業發展帶來的人口成長到一定程度後，其地理條件不足以維持這麼多人口，於是人口與人力不得不往南方遷移。藉著這時累積的人力與社會組織，人們就能跨越開闢門檻，將南方的土地予以農業化，以維持更多的人口。

就是這樣的自然與人為互動，決定了中國文明的演進以黃土高原為基礎，而其重心卻不斷隨著時間向南方移動的根本模式。

02 四百公釐等雨線以北的不同文明型態

在農業發展與人口分布上，另外一條重要的分界線，是大致與長城重疊的年雨量四百公釐等雨線。長城是人為的，不是刻意按照自然的等雨線畫出來的，然而其最終的修造路線會和四百公釐等雨線大致吻合，就表示這條線正是農業生產和農業聚落分布的北界。換句話說，超過這條線以北，其降雨的天然狀況不足以支撐穩定的農業生產和農業聚落所需。

於是理所當然地，這條線以北的地方，一定會發展出不一樣的文明型態。要了解歷史上所謂的「五胡亂華」現象，必須了解長城以北這些民族的狀況，也就必須先了解他們生存的自然條件。需要提醒的是，並非四百公釐等雨線以北居住的都是游牧民族。在無法進行長久農業生產與維持穩定農業聚落的地理條件下，不同地區會出現各種不同的文明型態。

例如，中國歷史上中原王朝曾經間或管轄過的「西域」地區，這裡較少出現本地居民和漢民族之間的激烈衝突。歷史上從來沒有一個來自西域的勢力征服、占領過中原。中原和西域之間的關係，大部分時候都是和平交流的，從漢武帝時代張騫「鑿空」通西域開始，一波又一波的西域人進入中原，帶來許多異質的文化因素，包括最重要的佛教思想。歷史上偶爾發生中原王朝與西域地區的衝突，往往也是中原王朝出兵攻打西域，而非西域勢力侵犯中原。

這樣的關係有其地理環境因素的影響。西域是一片主要由乾漠構成的地區，降雨量很少，卻在特定的地方有綠洲存在，於是發展出綠洲型的生產與文明。有綠洲提供水資源的地方，就發展出小型的農業聚落，不過一來這樣的農業聚落規模很小，也就難以擴張；二來聚落和聚落之間不僅相隔很遠，而且多半是隔著難以跨越的荒漠。

鄯善、于闐、龜茲、車師、高昌……，這些西域的重要地區，彼此之間相距甚遠，不容易彼此連通。「絲綢之路」之所以能夠形成，其實正是靠著這些綠洲型的農業聚點串起來的。因而理解西域時，不能將之看作像長城以北地區那樣的草原環境。

另外，東北地區的天然條件也不足以維持恆常的農業生產，這裡常見的是「農牧混合經濟」，也就是在高寒的條件下仍然維持一定的農業活動，再以畜牧補充不足的生活需求。農業和畜牧業並行，視不同狀況二者有主有從。

長城以北依照和農業地帶的距離遠近，又分成兩個領域。比較靠近長城這邊的是畜牧區，這裡的草原再生能力較好，可以讓牲口留在同樣的地方放牧，每一年新長出的草足以養活牲口。

再往北，固定在一塊地區的畜牧業就難以維持了，只能採取游牧方式，成為游牧地帶。畜牧和游牧的最大差別就在空間大小。同樣的牲口在北邊所需的放牧面積，或許是南邊的五倍乃至十倍，等不及來年春天青草復長，原本的草料資源便已經被牲口用盡，於是不得不將牲口移到別的地方，才能維繫養牲人家的生計。

03 草原民族與農業民族的互動糾纏

在四百公釐等雨線以北，存在著不同的生產型態，有農牧、有畜牧，也有游牧。而在長城以南，作為這個區域中最大的農業經濟與文明，中國和這些地區必然有些緊張關係。最關鍵的緊張點在於，農業的生產循環是固定的，春耕、夏耘、秋收、冬藏；而北方以畜牧或游牧為主的民族，擁有利用動物獸力所產生的高度機動性。如此一來，在和農業民族互動的過程中弄清楚了農業的季節循環之後，這些民族很容易挑選在秋天時節南下，劫奪農業民族的收穫。

在人對抗氣候條件變化能力愈低的地方，這種緊張情況就愈嚴重。草原民族的牲口肥瘦和存亡受到氣候變化影響，一旦生產狀況不如預期，就會有高度的動機南下，利用劫奪農業收穫作為生活補充。

在機動性及戰鬥能力上，農業民族和高度依賴動物的草原民族之間，顯然有著很大的差距。草原民族可以隨時南下，將農民辛苦大半年好不容易熟成的作物搶走，然後立即北返，農業聚落的人民幾乎無法抵抗，更不要說往北追逐這些強奪者。

怎麼辦？一個理所當然的做法是築起城牆，不讓草原民族輕易地進入農業地區。另一種特殊的處理方式出現在漢朝，尤其是漢武帝的時代，那就是反守為攻，主動出擊驅趕這些草原民族。

漢武帝的基本策略是，將可能威脅到農業經濟的草原民族都往北驅趕，開闢出一段緩衝地帶，然後讓軍隊和人民占領這塊地區，設置新的郡縣，將防衛線向北推進。驅逐、占地、實邊，是這項策略的三個固定步驟。

漢武帝多次派衛青、霍去病、李廣利等人率領大軍攻打匈奴，一度逼迫匈奴將王廷遷移到漠北去。從表面上看，這些軍事行動的成果極為輝煌。然而到了武帝晚年，他卻頒下「輪臺之詔」（西元前八九年），明確地反省這項政策。「輪臺之詔」實質上承認這套驅逐、占地、實邊的策略失敗了。其中有兩項關鍵：第一，這樣的做法極度耗費人力物力，之所以能如此推行，憑藉的是在武帝即位之前漢帝國集體財富的長期積累，而這些累積的財富，幾乎都被武帝揮霍在對抗匈奴的行動上。第二，即便漢帝國能夠培養龐大的武力進行驅趕行動，但之後的占地、實邊，也就是強行以人為的方式將這些地方改造成農業地帶，也不可能長久維持。

派去占地、實邊的，都是出身農業聚落、擁有農業經驗的人，他們試圖在如此偏北的地區進行農業生產，但地理條件不可能在主觀的努力期待下改變，而且這些農業人口也無法在一兩代間就能轉型成為畜牧或游牧生產者。

「輪臺之詔」承認漢帝國為了驅逐北方草原民族而付出太高的代價，也承認在趕走草原民族之後設置的幾個新郡，無法留住基本的人口，派去的人紛紛逃離。承認錯誤與失敗，當然也就意味著朝廷必須改弦更張，訂定新的策略。

「輪臺之詔」後，漢朝對待草原民族的新策略是「內召」。也就是不再將農業聚落的漢人送到北邊去，而是允許北邊部分的草原民族進入這片地區。在這個介於農業民族與草原民族之間的緩衝地帶上，建立親善漢族的聚落。

剛好在這時候，經過武帝一朝的反覆攻擊，匈奴原有的政治組織瓦解，內部產生分裂，在西元四八年正式分裂為南匈奴和北匈奴。於是漢朝就以南匈奴作為「內召」的對象。部分的南匈奴部落因為這項新政策而紛紛進入「塞下」，也就是緊鄰長城北邊的這塊區域。久而久之，這些南匈奴人必然逐漸漢化，雖然維持著異族的身分，但在生活和文化上，他們和漢人愈來愈接近。到了東漢末年，這些內召、內附的南匈奴人甚至都不會養牲口了，他們成為漢人的佃戶，主要從事的是農業生產，他們已然既漢化又農業化了。

藉由這種方式，暫時解決了農業民族與草原民族之間的衝突，不過同時也產生了新的問題。其中最重要的就是「異族混居」所帶來的新狀況。自春秋戰國以來，中原地區的漢民族形成了愈來愈強烈的「我族意識」，強調「華夷之分」。對於那些「非我族類」，漢人從語言上就堅持嚴格劃分，早期稱為「戎」、「狄」、「夷」等，後來將北邊的異族統稱為「胡」，南邊的則叫做「蠻」。

這樣的意識在華夷混居的地區一定會造成困擾。異族進入中國領域，也逐漸成為中國社會的一部分，然而漢人卻一直在語言與觀念上拉開和他們的距離，他們必然會感受到漢人對他們的刻意歧視與排擠。

04 從匈奴人劉淵看「五胡亂華」的誤解

可能早在東晉時就有「五胡亂華」的說法，到了隋唐，這個說法普遍流行。這樣的表述，如果僅僅從字面上看，會讓人產生不少誤解。

最主要的誤解是，我們總以為「亂華」的「五胡」都是外來的。尤其有了西洋史的認識後，經常將「五胡亂華」的歷史變化和滅亡西羅馬帝國的「蠻族入侵」相提並論，由此更加深了這個印象，認為這段時間發生在中國的事件，也是外來異族大舉入侵，破壞了原有的帝國秩序。

從歷史的事實看，「五胡」中很重要的一支，也就是最早開始「亂華」的是劉淵率領的匈奴人。他們雖然具備「胡」的異族身分，卻不是在漢末或魏晉時期突然從外面闖入的，他們是原來就已經「內附」、長期居留在塞下一帶的南匈奴人。

「五胡亂華」中最早發難的勢力之一，就是匈奴的劉淵。劉淵的族子劉曜攻入洛陽（西元三一一年），擄走了晉懷帝，後來又進襲長安（西元三一六年），擄走了晉愍帝，直接造成西晉的滅亡。而《晉書．劉元海載記》裡是這樣描述劉淵（因為避李淵的名諱，所以稱劉元海）的：

劉元海，新興匈奴人，……齠齔英慧，七歲遭母憂，擗踴號叫，哀感旁鄰，宗族部落咸共

> 歎賞。時司空太原王昶聞而嘉之，並遣弔賻。幼好學，師事上黨崔游，習《毛詩》、《京氏易》、《馬氏尚書》，尤好《春秋左氏傳》、《孫吳兵法》，略皆誦之，《史》、《漢》、諸子，無不綜覽。

劉淵是匈奴人，七歲時母親去世，他哀號痛哭，在鄰居間得到孝親的稱讚，引起王昶注意，特別送錢給他，以資獎勵。他從小好學，師從崔游，讀了很多經書，受過完整的經學教育，旁及重要的史書和諸子書。《晉書》又說：

> 嘗謂同門生朱紀、范隆曰：「吾每觀書傳，常鄙隨陸無武，降灌無文。道由人弘，一物之不知者，固君子之所恥也。二生遇高皇而不能建封侯之業，兩公屬太宗而不能開庠序之美，惜哉！」於是遂學武事，妙絕於眾，猿臂善射，膂力過人。姿儀魁偉……

劉淵後來有了不同的領悟，對親近的同學說：「平常讀書讀到歷史人物，我很看不起隨何、陸賈這些文人，他們都不通軍事，我也看不起周勃、灌嬰這些武人，他們都沒有受到文化薰陶。人主要的任務應該是弘道，無所不知才能夠弘道，遇到有什麼事不知道的話，君子應該感到羞恥。隨何、陸賈服務漢高祖，卻因為沒有武功建樹而無法封侯；周勃、灌嬰在漢文帝時代因為不懂文事，失去了在教育文化上的貢獻機會，可惜啊！」自覺已經在「文」方面有了成績的劉淵，就刻意選擇加強學習武事，也獲得很好的效果。

依照這段記錄，很明顯地，劉淵所受的是純粹的漢人教育，他的自我認知與事業理想，也都是以漢人的歷史為基礎的。要到後來他才對自己的匈奴血統有了比較清楚的認同。劉淵建國時，國號為「漢」（西元三〇四年），年號則是「元熙」，明白表示要接續漢朝的政統，他說：「漢有天下世長，恩德結於人心，……吾漢氏之甥，約為兄弟，兄亡弟紹，不亦可乎？」

劉淵提到了匈奴，說漢朝統治天下很久了，對人民大有恩惠，而劉淵本人作為漢人的後輩，匈奴也已和漢朝結為兄弟，由弟弟來傳承哥哥的朝代，沒有什麼不對的！

05 匈奴人劉曜和氐人李班的事蹟

從歷史事件的大略記錄，或從上一章引用的〈勸進表〉來看，劉淵的族子劉曜似乎就是個燒殺掠奪洛陽的壞蛋，但這樣的形象和史書中關於劉曜這個人的部分描述，顯然不盡相符。

劉曜在平定靳準之亂後即位，將劉淵所建的國從「漢」改名為「趙」（西元三一九年），理由是他自認匈奴家世來自漢朝的「代」，再往前追溯，「代」這個地方在戰國時期就是屬於趙國。趙國當然不會是匈奴的傳統領域，就連「代」也位處農耕與草原交界地帶的南邊，換句話說，劉曜追索自家的來歷，心裡想的顯然不是原來在草原上游牧的匈奴，而是內附之後居住在塞下的南匈奴。

劉曜即位後做了些什麼樣的事呢？《晉書．劉曜載記》中記錄：

曜立太學於長樂宮東，小學於未央宮西，簡百姓年二十五已下十三已上，神志可教者千五百人，選朝賢宿儒明經篤學以教之。

劉曜大張旗鼓地建立學校，有太學，還有小學，從百姓中選擇十三歲以上、二十五歲以下有基本資材的，一共選了一千五百人，又找朝廷裡在經學和其他方面特別有學問的大臣擔任老師。

還有：

曜命起酆明觀，立西宮，建陵霄臺於滈池，又將於霸陵西南營壽陵。侍中喬豫、和苞上疏諫曰：……曜大悅，下書曰：「二侍中懇懇有古人之風烈矣，可謂社稷之臣也。非二君，朕安聞此言乎！……」

接著他下令建造宮殿、庭苑和自己的陵寢，有侍中喬豫、和苞兩人上疏直言勸諫，意圖阻止他大興土木。劉曜讀了他們的奏疏非但沒有生氣，還很高興，稱讚兩人有「古風」，願意對君王說實話，是「社稷之臣」。

從這些事件看來，劉曜也有一定的文化背景，對於漢人的經學傳統及中國帝王歷史，有著相當程度的認識與理解。

跟劉淵差不多時間建國稱王的，還有李特、李雄一族，他們是氐人。他們建立的政權是「成」（西元三〇四年），也就是以成都為其勢力範圍。他們來自西南，然而早在漢末大亂時，就依附五斗米教進入關中，在張魯失敗之後，他們遷到今四川北部一帶，所以稱為「巴氐」。

李雄建國稱帝之後，立了他的侄子李班為太子。李班是個什麼樣的人？《晉書．李雄李班李期李壽李勢載記》中說：

> 班謙虛博納，敬愛儒賢，自何點、李釗，班皆師之，又引名士王嘏及隴西董融、天水文夔等以為賓友。每謂融等曰：「觀周景王太子晉、魏太子丕、吳太子孫登，文章鑒識，超然卓絕，未嘗不有慚色。何古賢之高朗，後人之莫逮也！」為性汎愛，動脩軌度。時諸李子弟皆尚奢靡，而班常戒厲之。

李雄的兒子們都追求奢華、生活浪費，只有李班和一群文人名士交往，如王嘏、董融、文夔等都是漢人。李班常常和董融等人談論過去幾位有名的太子，如姬晉、曹丕、孫登等，想到人家會寫文章、有見識，都自感慚愧，覺得為什麼古人那麼優秀，後人卻趕不上啊！再看：

及雄寢疾，班晝夜侍側。雄少數攻戰，多被傷夷，至是疾甚，痕皆膿潰，雄子越等惡而遠之。班為吮膿，殊無難色，每嘗藥流涕，不脫衣冠，其孝誠如此。

李雄患重病，李班悉心服侍。李雄在戰場上經常受傷，等到病重時，舊傷都潰膿，他的兒子如李越等避之唯恐不及，只有李班安於替叔父吸膿，幫忙嘗藥時還難過得痛哭，為了叔父的病無暇休息，有真正的孝心與孝行。

李班在李雄去世後即帝位，但不到一年，就被李雄諸子出於忌妒害死了。從《晉書》對李班的記錄，我們可以發現，「五胡」中的氐族也和漢人關係密切，幾乎完全接受漢文化的價值觀念。

06 羯人石勒是一位怎樣的君主？

再來看看「五胡」中的「羯人」石勒。石勒原本是劉淵的部將，劉曜稱帝改國號為「趙」，石勒也稱帝，建立了另一個「趙」（西元三一九年）。歷史上一般以「前趙」、「後趙」區分，但實際上這兩個「趙」在時間上是重疊的。

石勒十四歲時就隨著同鄉之人到洛陽行商，接下來的大部分時間，他都居留在中國境內。後趙從石勒傳到石虎，史書中留下了許多關於石虎的恐怖行為記錄，以至於當我們提起後趙、想到石家，會覺得這一家人必然是野蠻的，比較符合「胡」的刻板印象。

然而，從《晉書．石勒載記下》看來，後趙的建國君主石勒並不野蠻啊！史書中說：

勒宮殿及諸門始就，制法令甚嚴，諱胡尤峻。有醉胡乘馬突入止車門，勒大怒，謂宮門小執法馮翥曰：「夫人君為令，尚望威行天下，況宮闕之間乎！向馳馬入門為是何人，而不彈白邪？」翥惶懼忘諱，對曰：「向有醉胡乘馬馳入，甚呵禦之，而不可與語。」勒笑曰：「胡人正自難與言。」恕而不罪。

石勒建國之後，興造宮殿、城門，制定了嚴格的法令，其中他特別看重的一條，就是忌諱說「胡」這個字。有一次，一名喝醉酒的胡人騎馬闖進了嚴禁車馬進入的地方，石勒很生氣，就將管宮門的小執法馮翥叫來，責問他：「我下的命令期待天下都要遵守，現在竟然連自家宮門都守不住！那個闖進來的人是誰？你給我坦白說明。」

被皇帝這樣嚴厲逼問，馮翥嚇得忘記了忌諱，回答說：「是一個喝醉酒的胡人騎馬闖進來，我拚命叫他罵他阻擋他，可是他完全聽不懂我說的話。」石勒聽了，笑著說：「沒錯，跟胡人語言不通，確實沒法講話啊。」於是就赦免了馮翥。

這故事很有趣，也很有意義。顯然石勒不願人家把他當作「胡」看待，而且他也不像個「胡」，至少絕對不是一個和漢人語言不通的「胡」。還有一段事蹟：

勒以參軍樊坦清貧，擢授章武內史。既而入辭，勒見坦衣冠弊壞，大驚曰：「樊參軍何貧之甚也！」坦性誠樸，率然而對曰：「頃遭羯賊無道，資財蕩盡。」勒笑曰：「羯賊乃爾暴掠邪！今當相償耳。」坦大懼，叩頭泣謝。勒曰：「孤律自防俗士，不關卿輩老書生也。」賜車馬衣服裝錢三百萬，以勵貪俗。

石勒的部下有一名參軍叫樊坦，過得很窮、很清苦。後來樊坦被拔擢為章武內史，因此前去面見皇帝，石勒一看樊坦穿得破破爛爛的，很驚訝地說：「你怎麼會窮到這種地步啊！」樊坦性子直率，沒多想就回答：「被羯人給打劫了，財產都被搶光了。」石勒笑著說：「原來是羯賊搶你啊，那現在我應該補償你。」樊坦這才意識到自己說錯話，犯了法令明白禁止的大禁忌，而且還是在皇帝面前，嚇得拚命磕頭流淚謝罪。顯然他認為皇帝要「補償」的方式會很恐怖吧！

石勒卻說：「我訂的法令主要是管那些俗士的，和你們這種老書生無關。」非但沒有處罰樊坦，還多加賞賜，表彰他的清貧。由此可見，連樊坦這種「老書生」都渾然忘了自己面對的皇帝是個「胡」、是個羯人。再看這一段：

勒雅好文學，雖在軍旅，常令儒生讀史書而聽之，每以其意論古帝王善惡，朝賢儒士聽者莫不歸美焉。嘗使人讀《漢書》，聞酈食其勸立六國後，大驚曰：「此法當失，何得遂成天下！」至留侯諫，乃曰：「賴有此耳。」其天資英達如此。

石勒就算在打仗時，也常常叫儒生唸史書給他聽，聽著聽著會對過去的帝王誰好誰壞有所議論，他的議論讓那些有學問的朝臣儒士們都覺得很出色。他叫人唸《漢書》，讀到酈食其勸漢高祖劉邦分封六國，大表驚訝地說：「這不行啊，用這種方法怎麼可能得到天下！」繼續往下聽，聽到留侯張良如何堅決反對酈食其的意見，為漢高祖分析這方法不可行的理由，石勒才理解了：「原來是靠這樣的謀略，才能有漢朝的天下啊！」

石勒和劉淵、劉曜不一樣，家裡沒有讀書的背景，但這並不妨礙他吸收漢人的文化與價值觀念，因而能如此精確地判斷中國歷史上的變化關鍵。建立後趙時，他絕對不是一個野蠻人，突兀地從外面闖進中原來進行攫奪。

07 動態理解草原民族的遷徙變化

石虎的恐怖統治使得後趙陷入一片混亂，終結在石閔之手。石閔是石虎的養孫，他將「趙」的國號取消，改稱為「魏」，一般我們將這個政權稱為「冉魏」。這個「冉」字怎麼來的？原來石閔立國之後，恢復了自己的原姓，成了冉閔。他原本是個漢人。

這件事就點出了「五胡亂華」或「五胡十六國」這種稱呼造成的誤會，「十六國」[10]並非都屬於胡人政權。冉魏是漢人建立的，還有「前涼」、「西涼」，雖然列在十六國中，也都是漢人政權。四川的「譙蜀」（西元四〇五年—四一三年）也是漢人建立的。還有一個更容易混淆的，儘管十六國的國名中有「燕」字的幾乎都是鮮卑慕容氏建立的，但是有一個「北燕」，卻是由漢人建立的。

再從政權的性質來看，漢人成立的國和胡人成立的國，並沒有根本的差異，無論是在統治方式還是思想觀念上。將這個時代稱為「五胡亂華」還真不公平，一來「亂華」的並不都是「胡」，二來「五胡」也並不都是外來的「外族」。

歷史事實是，「亂華」的諸多力量是有階段、有順序的。最早是漢朝內部的動亂，從東漢末年開始出現亂局，經過三國時期，延續到西晉，持續了一百多年。這波動亂造成的破壞，遠比後來「五胡」造成的騷亂更大。如果沒有因漢帝國瓦解而來的漢人內部戰亂，根本不會出現讓「五胡」進入中原、介入中國社會的可能。

撇開政權建立者的種族身分不談，西元四世紀的這段動亂時期，其實是延續了漢末以來的局勢，漢帝國崩潰之後，遲遲無法重建有效的中央統治，於是不同的人便在其間憑藉著軍事武力自立為王。自漢末以來，大混亂、大動盪其實一直存在，並沒有那麼明顯的「五胡前」與「五胡後」的區分。

所謂「五胡」[11]，一般指的是五個不同的種族——匈奴、鮮卑、氐、羌、羯，他們進入漢人社會，對漢人社會產生衝擊，是有先後順序和深淺層次的。這就需要我們對地理環境與民族分布有一種動態的理解。比如匈奴，他們並不是一直占據、停留在同一個區域的，其他民族也是。漢

10 「十六國」的說法，源自北魏崔鴻私撰史書《十六國春秋》。他從北方諸國中選出國祚較長、影響力較大的十六個政權為代表，分別為：五涼（前涼、後涼、南涼、西涼、北涼）、四燕（前燕、後燕、南燕、北燕）、三秦（前秦、後秦、西秦）、兩趙（前趙、後趙），以及成漢、胡夏。事實上，北方諸國還包括冉魏、翟魏、西燕、仇池、譙蜀等國，並非只有十六個國家。

11 文獻上，「五胡」一詞最早出自苻堅之口，《晉書．苻堅載記下》：「萇求傳國璽於堅曰：『萇次膺符歷，可以為惠。』堅瞋目叱之曰：『小羌乃敢干逼天子，豈以傳國璽授汝羌也。圖緯符命，何所依據？五胡次序，無汝羌名。』」但沒有指明「五胡」是哪五胡。南宋王應麟《小學紺珠》有「五胡」條：「劉淵匈奴、石勒羯、慕容皝鮮卑、苻洪氐、姚萇羌。」《通鑑》胡三省注：「胡、羯、鮮卑、氐、羌，五胡之次序也。」才有比較明確的定義。但也有學者認為，「五胡」是指五個率先入主中原的胡人首領，或說是劉淵領導的五部匈奴。

人因為是農業民族，依賴土地生產，所以不容易遷移；但相對地，北方這些民族的移動程度比漢人活躍得多。

氐人從西南往北遷，再遷回四川盆地；匈奴呢？南匈奴往南遷，北匈奴則遠走大漠以北，再往西遷移。匈奴一南一北反向遷移，就使得他們原本占據的區域空了出來，於是更北方的民族就會趁勢移入，靠近自然條件較佳的環境。

鮮卑活動的區域，就是匈奴留下來的這片空地。因而在分布上，鮮卑和匈奴主要不是空間上的分別，毋寧是時間上的先後差異。鮮卑分成好幾個大姓，其中一個姓族是宇文氏。但宇文氏不是純粹的鮮卑人，而是混居鮮卑的匈奴人，也就是在匈奴南北遷徙的過程中，沒有完全遷離的匈奴殘部。匈奴離開後空出來的地方，由鮮卑移入占領，於是殘留的匈奴部落就歸順了鮮卑人，被納入鮮卑中的一支。

鮮卑族最早進入中原的是慕容氏，因為他們的分布位置在最南邊。慕容氏離開之後，原來的根據地就被拓跋氏占領了。拓跋氏相對較晚才進入中原，後來他們追隨慕容氏的腳步，建立了另一個「代」國（西元三三八年），再改名為「魏」（其間曾被前秦所滅），也就是後來歷史上極為重要的「北魏」。

拓跋氏離開之後，原來的北方土地上出現了一個新的民族，叫做「柔然」，他們快速遷移、逼近拓跋氏的根據地。柔然的存在威脅到北魏，讓拓跋氏必須建立「六鎮」來防堵柔然的勢力南侵。為了維持這北方六鎮，造成了南遷到洛陽的朝廷和舊有的北方勢力之間的高度緊張，成為後來北魏分裂、衰敗的主要原因。

六鎮不能撤，因為這段期間柔然不斷壯大，不只占據了原先匈奴和鮮卑的領域，還繼續向西擴張。他們攻滅了高軍，然後遭遇到突厥。但突厥就沒那麼好對付了，柔然打不下突厥，反而使得突厥在與柔然衝突的過程中，不斷向東擴張勢力，從原本的中亞地區轉而東來，進而影響了中國的歷史。

08 五胡亂華動搖了過去的「王朝系統」

在「五胡亂華」這段歷史中，「五胡」不是一起自外而入的，他們分散在很長的時間裡先後進入中原。這段歷史最值得注意的，應該是長時間中大量胡人進入中國，使得漢人與胡人之間產生了密切且複雜的關係。

我們毋須記憶、背誦「五胡十六國」是哪十六國，各自屬於哪個民族所建立的；我們真正需要注意的，是在這樣的時間內，這麼多民族在中國境內建立了這麼多不同政權的這一事實。這事實意味著：中原文化區域中過去普遍接受的一件事——「王朝系統」——被動搖了。

王朝系統有兩個基本元素，其一是這整塊區域屬於同一個王朝。漢朝滅亡後，三國時期有魏、蜀、吳鼎立，然而不只這三個政權都一直積極地想要統合整個中原地區，而且在一般人心中，也都將這種分裂狀態視為過渡的、暫時的，認為王朝系統在空間上的瓦解，是可以靠時間來處理、修復的。

但在西晉結束之後，各種政權紛紛成立，中原就不只是長期分裂的狀態，而且連王朝系統的第二個元素也消失了，那就是王朝應該有單一的世系，一代一代傳下去。前一章引用的〈勸進表〉中，就曾特別強調周朝，因為周朝在同一個世系裡連續傳了八百年之久。

然而到了「五胡亂華」時期，這麼多政權來來去去，建立了好多王朝，也就快速滅亡了好多王朝，兩三百年間，王朝系統的基本價值不再理所當然地存在於一般人心中。後來隋、唐完成統一，要重建新的帝國，必須面對的最大挑戰，就在於如何讓人們重新相信王朝系統的必要性，進而相信王朝系統的必然性。

整理「五胡亂華」的變亂，可以分成幾個時期。光是從分期概念，就可以感受到當時北方的變化有多頻繁、又有多複雜。

在正史上，依照原有的王朝系統觀念，劃出了「西晉」這個朝代，讓人覺得在那段期間裡，整個中原地區只屬於一個朝代，有一個明確的權力中心和一套統治機制。這樣的印象卻不符合歷史事實。

司馬家建立的晉攻滅吳國（西元二八〇年），結束了三國時期，重新統一中國，然而實質的統一狀態並沒有維持很久，到晉惠帝時就發生了割裂王朝的「八王之亂」（西元二九一年—三〇六年）。接著就出現了劉淵、劉曜建立的「漢趙」（西元三〇四年—三二九年，始稱為漢，後改為趙，後世稱「前趙」和「漢趙」），然後再脫化出石勒所建立的「後趙」（西元三一九年—三五一年）。

另外，在巴蜀和部分的漢中地區，又有巴氐李氏建立的「成漢」（西元三〇四年—三四七年，始稱為成，後改為漢，後世稱「成漢」）。如果依照之前「三國」命名的原則，西晉末、東晉初的局勢應該被稱作「四國」，也就是晉、前趙、後趙、成漢並立的情況，而不是簡單的「晉」或「西晉」。這是第一時期。

09 「十六國」的此起彼落、政權更迭

第二時期開始於後趙滅了前趙（西元三二九年），後來冉魏又滅了後趙（西元三五一年）。不過冉魏存在的時間也很短（西元三五〇年—三五二年）。第二時期真正的重點是以慕容氏為主的鮮卑族開始建立新的王朝，也就是說，這時期才開始有了真正的「外族」。第一時期的匈奴、

羯和氏都是本來就在漢人區域居住的「異族」，卻不是真正的「外族」。

以「燕」為國號的政權，包括漢人建立的北燕，都和鮮卑慕容氏有關。這時和東晉並存的是「前燕」（西元三三七年—三七〇年），另有苻洪、苻健所建立的「前秦」（西元三五〇年—三九四年）。苻氏是氐族人，同樣來自關中，建立了比成漢更強大的政權。更西北邊，是漢人張茂、張駿依憑割據勢力建立的「前涼」（西元三二〇年—三七六年）。也就是說，這個時候有晉、前燕、前秦，還有前涼，又是個四國的局面。而在更北邊，鮮卑拓跋氏的「代」（西元三三八年—三七六年）已經崛起。

進入第三時期，前秦勢力不斷膨脹，攻滅了前燕、前涼、代，北方大部分地區落入苻堅的統治範圍內，和僻處南方的東晉形成了南北對峙。對峙的結果是苻堅率軍南下，雙方發生了淝水之戰（西元三八三年），苻堅戰敗，不久前秦傾覆，於是進入第四時期。

第四時期，淝水之戰後的北方再度分裂，有了羌人姚萇建立的「姚秦」，也就是「後秦」（西元三八四年—四一七年）。同一時間，中原另有「後燕」（西元三八四年—四〇七年）、「南燕」（西元三九八年—四一〇年）。後秦以西則有鮮卑人建立的「西秦」（西元三八五年—四三一年），西北有氐人建立的「後涼」（西元三八六年—四〇三年）。北方的拓跋氏也重建代國，改名為「魏」（西元三八六年），也就是「北魏」。南邊仍然是晉。也就是說，這時期形成了多國分立的局面：晉、後秦、後燕、南燕、西秦、後涼、魏等。

接下來的第五時期，東晉劉裕帶兵強勢北伐（西元四〇九年），滅了南燕，然而劉裕畢竟無法單憑軍事力量在北方立足，後來又退回南方。這時北方除了魏之外，另有匈奴人赫連勃勃建立的「夏」（西元四〇七年—四三一年，又稱「胡夏」），東北方有漢人馮跋建立的「北燕」（西元四〇七年—四三六年），以及遠在西北的「南涼」（西元三九七年—四一四年）、「北涼」（西元三九七年—四三九年）、「西涼」（西元四〇〇年—四二一年）。也就是說，此時並立的政權包括了晉（後由劉宋取而代之）、魏、夏、北燕、南涼、北涼、西涼等。

這是各個不同時期不同的分裂狀況，長時間裡一直持續變化著。亂局延續了那麼久，使得過去所有固定的政治概念都需要重新定義。什麼是王朝、什麼是朝廷、什麼是皇帝、什麼是統治……？在這漫長的過程中，這些概念都脫離了原有的意義範圍，成為全新的現象。

「異族」或「外族」對於漢人原本建構的王朝政治系統沒有足夠的理解，更沒有固定遵守的規範。相對地，他們帶進了不同的部落組織或社會文化觀念，挑戰了漢人王朝系統中既有的基本思考。

10 從北魏回看五胡亂華留下的印記

講唐朝的歷史，一定會講到「均田」。均田制源自北魏，是一套涉及土地、私有財產與國家分配之間的制度。這套制度的出現，與其說是復原古代的理想，不如說是在舊有秩序徹底瓦解之後，激盪出來的一種新的部落精神。部落精神當然是鮮卑人帶進來的，然而還必須經過和漢人環境的長期互動，才能發展為這樣的土地與財產形式。

這個時代的動盪使得歷史理解、甚至歷史敘述都面臨特殊的困難。例如，魏晉南北朝的官制是一門大學問，不同的政權設置不同的官，官名可能是承襲、沿用原先就存在的，然而官的職掌與作用往往有了很大的改變。更嚴重的是，許多官職徒留空名，有名無實，我們無法光憑這些官名來建構這些政權的統治情況。

若論南北朝的歷史，南朝比較容易掌握。從東晉到宋齊梁陳，中間有一個發展的骨幹，那就是「門第」。門第貴族作為社會的核心骨幹，相對而言是穩定的，不受政權更迭的影響。然而在北方，就沒有類似的核心骨幹。北方也有大姓、也有門第，但相對沒有那麼穩定，和外族政權之間也不可能發展出一套固定的互動機制，不同的政權和大姓門第會有不同的互動方式。

在南方，「門第高於皇族」是始終存在的模式。皇帝、皇族通常靠武力興起，憑武力取得政權，他們需要門第的協助、配合，也會想要取得和門第平起平坐的地位，乃至進一步控制門第。但門第有足夠的籌碼抗拒皇帝在權力與地位上的迫近。

在北方殘破的社會和經濟基礎上，面對異族、外族政權，北方門第沒有那麼多的籌碼，因而他們會更強調家族內部團結和紀律的重要性，高度重視「禮」、發展「禮學」，用以鞏固自身的實力。

北方政權的更迭過程極其複雜，很難簡化整理出單一的圖像來描述其政治體系和社會組織各方面的變化。我們能嘗試的，是從北魏完成了對北方的掌控之後回溯探索，也就是以北魏的政治體系與社會組織，回頭解釋這樣的體系與組織是怎麼來的，可以還原出怎樣的來歷。

這種方法是以後來的結果整理前面的脈絡。北魏是關鍵，可以說北魏聚攏了「五胡亂華」的種種歷史元素。因而我們看待北魏的歷史，一方面當然要說明北魏如何建立，又如何維護其政權；另一方面，也要從北魏的形貌回頭整理之前異族、外族在北方進行的種種政治與社會實驗，看看他們所留下的歷史印記。

第九講

北魏入主中原及其統治

01 要了解隋唐的制度，好好看看北朝

中國中古史研究有一部具有里程碑意義的著作，也是一直到今天研究這段歷史的人不能不讀的著作，那就是陳寅恪先生的《隋唐制度淵源略論稿》[12]。

這本書的書名藏著幾個容易產生誤解的字。書名叫做「稿」，表示未完成，只是先拿出來給大家看的稿本，還要再修訂。這是陳寅恪的謙讓習慣，事實上這本書的內容非常完整，立論也很堅實，已經是定本。另外，「略論」二字也不算精確，因為書中已經網羅了與此題目相關的主要史料，進行詳密的探討，提出非常精彩的論證，一點都不疏略。

最重要的是，書名提的是「隋唐」，但實際處理的，主要不是隋代、唐代的歷史，而是要追索其「淵源」，也就是要將我們在隋代、唐代歷史資料上看到的種種制度，仔細追索其來歷。

這本書最大的成就和最大的貢獻，在於糾正了過去「正統史觀」的偏見，凸顯了北朝的重要性。傳統史學中雖然將這段歷史並稱「南北朝」，但在概念上畢竟還是重南輕北，也就是從「朝代史觀」的連貫性來說，排列順序是曹魏、西晉、東晉、宋、齊、梁、陳、隋、唐……。這樣的概念深入人心，很自然地就將北朝視為偏枝旁統，看待歷史變化時也經常忽略北朝的影響。

陳寅恪的著作指引了現代史學在南北考量上的重新調整，提醒大家隋代、唐代真正的來歷為

何。隋代的開國皇帝楊堅和唐代的開國皇帝李淵，他們都來自北方，在建國之前經歷了北魏分裂的東魏、西魏被北齊、北周取代的一系列變化；相對地，他們和南方的南朝並沒有那麼密切的關係。先入為主的「正統史觀」從南朝的角度看隋代、唐代，就會有所偏差。陳寅恪以堅實的史證指出，要了解隋唐的制度，必須將眼光從南朝移開，好好看看北朝。

這本書絕對不是「稿」、不是「略論」，它比大部分的史著都更豐富、更有說服力，尤其建立了兩個明確的觀點。第一，陳寅恪要呈現的不只是隋唐和北朝的一般傳承關係，而是扎扎實實的「制度淵源」。過去對於隋唐與北朝的連結有些鬆散、普遍的說法，例如強調李家可能有外族血統，所以他們對家庭、家族的觀念和傳統漢族思想不一樣，以此解釋為什麼會發生屠殺兄弟的「玄武門之變」……

這不是陳寅恪要談的。他在書中顯示的是，北朝對隋唐最大、最深遠的影響是制度。北朝所構想、制定和實施的制度，決定了後來的隋唐會成為一個什麼樣的帝國。隋唐是中國的「第二帝國」，和之前的秦漢帝國大不相同，我們必須透過北朝，才能真正說清楚從秦漢帝國轉折走向隋唐帝國的過程。

第二個觀念是，所謂源自「北朝」，不能被簡化看作源自「外族」或源自「草原民族」。對

12 可參考陳寅恪，《隋唐制度淵源略論稿》（臺北：臺灣商務，一九九八年）。

隋唐產生關鍵影響的這些制度，不是直接從草原帶進中原的，而是在北方原有的漢人文化和新進來的外族生活、外族組織之間漫長的涵化結果。如此出現了一種既非漢人也非草原的新思考、新精神，如果沒有這套新思考、新精神，新的隋唐帝國便無從成立。

02 鮮卑拓跋氏的崛起與壯大

《隋唐制度淵源略論稿》提示了中國歷史上不同民族文化互動涵化的過程，格外值得重視。不是粗枝大葉地談論草原民族如何接受漢化，或倒過來草原民族的習俗文化如何改變漢民族；我們需要做的，是細緻地追索某個特定的草原民族的某種習俗文化，以什麼樣的方式和漢人既有的政治或社會組織進行了怎樣的互動，以至於產生了什麼樣的新制度。

從這個角度出發，我們會將注意的焦點特別放在鮮卑人中的拓跋氏，尤其是他們所建立的北魏上。其他民族所建立的其他政權，其文明涵化的過程大部分沒有長遠的歷史作用，也就是沒有延續下來。但北魏不一樣，藉由北魏的涵化過程，造就了隋唐諸多制度的源頭。

鮮卑諸部落中，較早進入中國、原本漢化程度較高的是慕容氏；相對地，拓跋氏原始的居處位於慕容氏的西北，也就是漢朝建立的代郡、上谷郡附近。在漢代，這裡正是漢朝與匈奴來回爭戰最激烈的地區，等到匈奴從這塊區域被趕走之後，鮮卑拓跋氏移居過來，在這片「塞下地區」居留了大約一百年。

到了東漢末年，這塊地區其實已經不在漢帝國的有效控制之下了。朝廷斷斷續續主導過幾次「實邊」行動，將人口移到這個北方邊疆地帶，然而漢帝國的實力已不足以在這裡大規模開拓，於是只剩下一些小型的農業聚落散布著。

對拓跋氏而言，這是歷史給他們的偶然機會。他們進入這塊區域，往來徘徊，在與漢民族打交道的過程中逐漸熟悉農業聚落，然後進一步開始學習農業生產。於是他們本來的游牧型態先轉型為畜牧加狩獵，再轉型為農牧並用的初級型態。

農牧並用帶來了優勢，農業創造的食糧生產可以穩定地養活較多的人口，同時又保留了畜牧所擁有的機動性與戰鬥力。因而完成轉型之後，拓跋氏就開始向外擴張。

擴張的過程中，依照原來的部落習慣，他們會將被打敗的人民裹脅進來，有的成為類似奴隸的身分，有的則成為在地位上沒有截然差距的歸附者。如果是歸附者，就必須跟隨拓跋氏參與後續的征伐行動。不論是奴隸或歸附者，這種習慣使得拓跋氏的部落規模不斷擴大。

不過現實的狀況是，拓跋氏原有的生產模式無法負擔愈來愈多的人口，於是由人口增長而產生的連帶壓力，使得他們必須調整生產方式，更進一步朝農業傾斜。而要建立更有效的農業生產，讓生產所得的占比有所提升，很顯然地，就需要具備農業經驗的漢人協助。

因而當擴張到一定程度，拓跋氏就有意識地吸納漢人。他們的行列中，出現了「烏桓雜人」，還有「雁門晉人」。「雁門晉人」就是住在代郡、雁門郡這一帶的漢人，也就是漢代拓邊政策後留下來的一些農業小聚落中的居民。「烏桓雜人」呢？就是過去烏桓曾經居住過的區域裡，在烏桓主部被驅趕離開之後，殘留的少數烏桓人和漢人混居建立的聚落，所以被稱為「雜人」。

大量吸納「烏桓雜人」和「雁門晉人」進入部落組織中，使得拓跋氏得以快速地發展農業，再藉由農業帶來的生產效應，支撐起擴張過程中增加的人口。於是在這一個世紀裡，拓跋氏占據的地理位置表面上看沒有太大的改變，然而骨子裡他們的實力一直不斷提升。

03 拓跋珪做一位中國式皇帝的累積條件

東晉十六國時期，拓跋氏形成了較大型的部落聯盟，進而轉型為國家（「代」），其共主是拓跋什翼犍（西元三三八年—三七六年統治）。然而氐人建立的前秦在苻堅的統領下快速擴張，往北攻擊，打敗了什翼犍。勝利者苻堅為了削弱北方的威脅，刻意分散拓跋氏，強迫他們移居。

《晉書．苻堅載記上》說：

散其部落於漢鄣邊故地，立尉、監行事，官僚領押，課之治業營生，三五取丁，優復三年無稅租。

一些拓跋氏部落被苻堅帶著往南遷，進入原本刻意保留出來的漢人與外族的緩衝區域。苻堅給予他們賦稅上的三年優待，以便讓他們在這裡營生定居。苻堅也派人監督這些遷移者，不准他們離開。顯然地，在苻堅的認知中，鮮卑拓跋氏已經是個擁有農業能力的民族，所以才將他們遷過來，成為他統治王國中的農業新生力軍。而苻堅的舉措，也讓拓跋氏在被派與農業生產的義務中，進一步地農業化。

當時北方地區一度都在苻堅的統治之下。在王猛的輔佐下，苻堅實力大增，於是舉兵南下，想要一併占領東晉所據有的南方地區，卻在淝水之戰大敗。苻堅敗後，北方又陷入大亂，此時已經遷到「鄣邊故地」的拓跋氏因禍得福，很容易就趁亂進入中原。

北魏開國皇帝拓跋珪（西元三八六年—四〇九年在位）是什翼犍的嫡孫，他進入中原之後採取的第一項重要措施也是和農業有關。西元三九四年，拓跋珪以武力建立了第一個屯田據點，位於「河北五原，至於棝楊塞外」（《魏書．太祖紀》）。到了西元三九八年，拓跋珪將國都遷到平城（今山西大同），為了經營這個地方，他將周圍包括山東六州的官吏百姓和更東邊的高麗人民遷移了三十六萬口過來，再加上十多萬的「百工伎巧」，打下了初步的基礎。

前一年，西元三九七年，拓跋珪打敗了後燕的慕容寶，這不只是鮮卑部族內部的征戰勝利，藉由這場勝利，拓跋珪得以將後燕所屬的兩萬多「公卿尚書將吏士卒」予以收編。慕容氏是最早進入中原的鮮卑族人，漢化程度比較深，也是最早和氐族爭奪北方漢人世族勢力的合作，因而被收編進拓跋氏政權的兩萬多人中，顯然有大批漢人，並且包括了部分的北方世族。

也就是說，由北方世族所建構、統領的這一套官僚體系，在拓跋氏戰勝慕容氏之後，由後燕朝廷轉移給了原本缺乏國家統治經驗的拓跋氏。拓跋氏因而得以在短時間內快速提升其在中原的統治能力。和官僚系統同時吸納得到的，還有後燕「所傳皇帝璽綬、國書、府庫、珍寶，簿列數萬」（《魏書・太祖紀》），也就是完整的皇權所需的配套機制。於是拓跋珪有條件可以做一位中國式的皇帝了。

西元三九八年，拓跋珪改年號「天興」，正式稱帝。

04 北方大姓以塢堡自守，外族政權搶漢人領袖

打敗慕容寶、接收了後燕的政治資源之後，拓跋珪進一步與漢人接觸，更理解到漢人的重要性。此時有兩個漢人進入北魏朝廷，發揮了很大的影響。一個是燕鳳，另一個是崔宏（後來為了避孝文帝拓跋宏的名諱，史書上通稱為崔玄伯）。

《魏書．燕鳳傳》中說：

> 燕鳳，字子章，代人也。好學，博綜經史，明習陰陽讖緯。昭成素聞其名，使人以禮迎致之。鳳不應聘。乃命諸軍圍代城，謂城人曰：「燕鳳不來，吾將屠汝。」代人懼，送鳳。

燕鳳是代郡的人，所學的是漢朝的舊學問，如經學和史學，還有陰陽讖緯之學。什翼犍聽聞他的名聲，客客氣氣邀他入朝當官，燕鳳不從。然而什翼犍對燕鳳勢在必得，請不來就動武，派兵包圍燕鳳所在的代城，恐嚇城內的百姓：「如果燕鳳堅持不入朝，那就屠城。」代城的人嚇得趕緊將燕鳳送過去。

那崔玄伯呢？《魏書．崔玄伯傳》記錄：

太祖征慕容寶，次於常山。玄伯棄郡，東走海濱。太祖素聞其名，遣騎追求，執送於軍門。

他也是被抓來的。拓跋珪攻伐後燕時部隊駐紮在常山，當時任高陽內史的崔玄伯棄郡逃到海邊去。為什麼需要逃？因為他太有名了，拓跋珪不放過他，派人去追，把他抓到部隊裡。

也就是說，這兩人原先都不想和拓跋氏合作，是拓跋氏慕他們的名，用強迫的手段逼他們就範的。他們的名氣是怎麼來的？他們都是北方世族大姓，燕鳳代表代郡燕家，崔玄伯則代表清河崔家。

西晉永嘉之禍後，跟隨司馬氏南遷的大族，一般是和皇室最親近、也就是當時地位最高的。相對地，留在北方的世族普遍原來的地位較低。南遷的大姓和當地「吳姓」互動協調，共同扶持司馬氏政權，後來很快建立高於皇室的地位。留在北方的大姓日子就沒那麼好過了，他們反覆遭遇政權更迭，而且必須和各個異族、外族周旋。

他們的基本策略是「以塢堡自守」，也就是以家族為單位組成防衛系統，阻止軍隊和政權的侵擾。於是構成塢堡的家族成員就愈發重要，家族的觀念也就更強了。

「姓族」大於「家族」，在相對和平的南方，姓族作為擴大團結勢力的因素，其重要性高過個別的家族；然而在北方，姓族雖然還在，但當真遇到動亂時，同姓、同郡望的人是發揮不了實質保護作用的，只有家族才是確切的防衛組織，因而家族的重要性上升、姓族下降。

北方不同的家族有不同的策略，也有不同的遭遇。「以塢堡自守」，有的守得住，有的守不住。整體而言，世族「以塢堡自守」的能力在持續動盪中不斷削弱，等到永嘉之禍超過半世紀後，世族大姓普遍地無法自外於動亂，都必須以某種方式和他們不熟悉的異族、外族，包括擁有草原遺風的新興政權妥協、甚至合作。

這些世族大姓在社會上仍有相當的影響力，進入中原的外族若想要建立穩定的統治，就得學會找到合適的漢人社會領袖來合作。拓跋氏已經學到這一點，所以會鎖定代郡的燕鳳和清河的崔玄伯，無論如何要將他們納入政權系統中。

05 選擇城居的拓跋氏，拉攏世族清河崔氏

攻打慕容寶的過程中，拓跋珪就已知道運用漢人的姓族、家族結構，威逼利誘像崔玄伯這樣的人和他合作。稱帝改年號的同時，他又興建平城作為國都。也就是說，鮮卑拓跋氏從最早的游牧民族，變成畜牧加狩獵的民族，再轉型為農牧並行的民族，到這時候他們已經懂得如何以屯田厚植實力，並且在引用漢人進入決策圈後開始築城。築城就是徹底選擇定居，完全放棄游牧的機動性。

西元四〇〇年左右，拓跋氏不只進入了農業型態，而且進入了城居生活。這樣的變化意義深遠。另外一件意義深遠的事，就是此時北方最具地位的世族大姓，即崔玄伯所屬的清河崔氏，正式和拓跋氏合作。《魏書．崔玄伯傳》記錄：

> 太祖常引問古今舊事，王者制度，治世之則。玄伯陳古人制作之體，及明君賢臣，往代廢興之由，甚合上意。未嘗謇諤忤旨，亦不諂諛苟容。及太祖季年，大臣多犯威怒，玄伯獨無譴者，由於此也。

崔玄伯的作用，在於為拓跋珪提供關於漢人統治的知識，讓他嫻熟中國過去的帝王歷史，以及歷史中所累積的傳統智慧。拓跋珪明白這是他迫切需要的，所以特別禮遇崔玄伯。崔玄伯在拓跋珪面前不卑不亢。拓跋珪晚年變得跋扈暴躁，很容易發怒，但就是不會用對待其他大臣的方式對待崔玄伯。

崔玄伯的風格，以及他和拓跋氏合作的立場態度，又傳給了兒子崔浩。《魏書．崔浩傳》說崔浩：

> 少好文學，博覽經史。玄象陰陽，百家之言，無不關綜，研精義理，時人莫及。弱冠為直郎。天興中，給事祕書，轉著作郎。太祖以其工書，常置左右。太祖季年，威嚴頗峻，宮省

左右多以微過得罪，莫不逃隱，避目下之變。浩獨恭勤不怠，或終日不歸。太祖知之，輒命賜以御粥。其砥直任時，不為窮通改節，皆此類也。

出身世家大族的崔浩當然受過一定的知識訓練，當時北方世族內部的教育仍然很嚴謹，教的、讀的還是漢朝的經史學問與陰陽百家，顯現出世族根深柢固的保守性。崔浩很年輕就進入朝廷，由於寫得一手好字，拓跋珪常常把他帶在身邊。拓跋珪晚年很嚴厲，一點點小過錯都不放過，要在皇帝身邊服侍很不容易，所以大部分的人都是能逃就逃、能避就避，先躲過皇帝當下的脾氣再說。只有崔浩不逃不躲，甚至整天待在皇帝身邊，連家都不回。他就是這樣一個有原則、能堅持的人。

崔家兩代參與北魏政權，扮演了特殊的角色。然而崔浩所抱持的態度，以及得到太祖重視的方式，其實是和他的中心信念有所牴觸的。崔浩比父親崔玄伯更在意世族、姓族的內涵。他在家庭教育中習得的，就是身為世族所具備的高度榮譽心，而面對鮮卑皇帝時理應是帶著驕傲優越感的，他卻選擇壓抑這份優越感，低調地服侍拓跋珪。

這裡顯現的是，相較於南方世族，北方的世族必須更有彈性，他們無法像南方世族那樣聯合起來對抗皇權，集體取得高於皇帝的地位。然而，這樣的彈性又不會讓他們放棄世族的自我尊嚴。他們和皇權之間的緊張不是在表面的，毋寧是存在於內心的。我們應該運用「心理史學」的觀念和方法，尋索他們的內在矛盾衝突，以此理解他們的行為。

06 崔浩的政治目標：齊整人倫，分明姓族

崔浩隨著父親進入北魏朝廷，在道武帝拓跋珪的晚年受到重視，然後任事於明元帝拓跋嗣（西元四〇九年—四二三年在位），繼而在太武帝拓跋燾（西元四二三年—四五二年在位）即位後進一步獲得大權。依照《魏書．崔浩傳》的記錄，拓跋燾倚重崔浩到了這樣的程度：

世祖每幸浩第，多問以異事。或倉卒不及束帶，奉進疏食，不暇精美。世祖為舉匕箸，或立嘗而旋。其見寵愛如此。

皇帝每每遇到奇怪不解的事，就直接到崔浩家裡。皇帝突然造訪，崔浩連正式的衣冠都沒辦法穿戴好，也來不及準備精美的食物。皇帝也不在意，常常只是禮貌地舉起筷子，隨便吃一口，就起身走了。崔浩和皇帝的關係如此親近。

有一次，拓跋燾令歌工讚頌群臣，歌中有這麼一句：「智如崔浩，廉如道生。」在皇帝心目中，最廉潔的是長孫道生，最有智慧的就是崔浩。《魏書．崔浩傳》還記錄這麼一件事：

又召新降高車渠帥數百人，賜酒食於前。世祖指浩以示之，曰：「汝曹視此人，尪纖懦弱，手不能彎弓持矛，其胸中所懷，乃逾於甲兵。朕始時雖有征討之意，而慮不自決，前後克捷，皆此人導吾至此也。」乃敕諸尚書曰：「凡軍國大計，卿等所不能決，皆先諮浩，然後施行。」

拓跋燾降伏了高車，召來幾百名高車的將士，賜予酒食。拓跋燾特別指著崔浩對他們說：「你們看看這個人，文質彬彬，看起來弱不禁風，他的手沒辦法彎弓，矛也拿不起來，但是他心中所懷的勝過大軍啊！我一開始有了想要征伐的念頭，卻還猶豫不決，但後來不只打了，而且都打勝仗，就是這個人引導我、教我應該怎麼做的。」藉此機會，拓跋燾刻意下令諸尚書：「以後遇到大事，你們有疑慮無法做決定的，就去問崔浩，得到他的意見之後再做。」

崔浩能夠如此影響拓跋燾，取得那麼大的權力，然而他念茲在茲最想要做的、他的理想是什麼呢？輔佐拓跋燾統一北方之後，崔浩不像王猛，並沒有鼓勵皇帝帶著北方外族的力量南進，他要實現的政治目標是「齊整人倫，分明姓族」（《魏書．盧玄傳》）。

「分明姓族」四個字，明白指的是要恢復從漢末到魏晉建立起來的門第秩序，不只分辨出門第與非門第，而且門第內部也必須有清楚的高下區分。對崔浩來說，這才是人倫秩序。他所深信的，正是這種依照家族血統與家族教育修養所形成的層級，要用這種層級秩序來重建社會。

崔浩顯然完全不掩藏他的這份政治信念。北方經過幾十年大亂，有些姓族沒落，有些姓族興起，而原本居於世族最頂點的清河崔氏，如今都受到另一個崔氏——博陵崔氏——的混淆與侵逼。這對崔浩來說真的難以忍受。他要用自己取得的政治權力，逆轉這樣的變化，嚴整姓族，並且凍結這些姓族的高下排名。

同樣出身北方世族大姓，即范陽盧家的盧玄都勸崔浩三思。雖然「齊整人倫，分明姓族」很重要，卻也要看時機恰不恰當，在當前的情況下，會有多少人樂於支持崔浩做這樣的事呢？但崔浩聽不進去，決心運用他從拓跋燾那裡獲得的權力投入這項政策。他的堅強意志、他的固執，我們只能從他過去長期壓抑自己的世族優越感、委屈自己服侍拓跋氏的心理狀態來理解。

07 從拓跋燾的兩道詔令看門第郡望的重整

西元四三一年，北魏世祖拓跋燾下了一道詔令，這道詔令顯然出於崔浩之手：

頃逆命縱逸，方夏未寧，戎車屢駕，不遑休息。今二寇摧殄，士馬無為，方將偃武修文，遵太平之化，理廢職，舉逸民，拔起幽窮，延登俊乂，昧旦思求，想遇師輔，雖殷宗之夢板築，罔以加也。訪諸有司，咸稱范陽盧玄、博陵崔綽、趙郡李靈、河間邢穎、勃海高允、廣平游雅、太原張偉等，皆賢俊之胄，冠冕州邦，有羽儀之用。《詩》不云乎：「鶴鳴九皋，聲聞於天。」庶得其人，任之政事，共臻邕熙之美。《易》曰：「我有好爵，吾與爾縻之。」如玄之比，隱跡衡門、不耀名譽者，盡敕州郡以禮發遣。(《魏書・世祖紀上》)

詔書中說，經歷了各種動亂，好不容易降伏了兩個主要的敵人，可以好好地治理國家，其中最重要的，就是啟用合適的人才。認真探訪之後，真正的人才何在?眾人公推：范陽盧玄、博陵崔綽、趙郡李靈、河間邢穎、勃海高允、廣平游雅、太原張偉等人，是朝廷最該重用的。

值得注意的是，這份人才名單說的不只是盧玄、崔綽、李靈、邢穎、高允等等這些人，而是在每個人名前面都加上了郡望，明白顯示這些人都是出身世族大姓。朝廷要重用他們，將國家主要的政事交付給他們處理，實質上就是形成一個由世族組構的政府。

第二年，西元四三二年，又有另一道詔書：

朕除偽平暴，征討累年，思得英賢，緝熙治道，故詔州郡搜揚隱逸，進舉賢俊。古之君子，養志衡門，德成業就，才為世使。或雍容雅步，三命而後至；或棲棲遑遑，負鼎而自達。雖徇尚不同，濟時一也。諸召人皆當以禮申諭，任其進退，何逼遣之有也！此刺史、守宰宣揚失旨，豈復光益，乃所以彰朕不德。自今以後，各令鄉閭推舉，守宰但宣朕虛心求賢之

意。既至，當待以不次之舉，隨才文武，任之政事。其明宣敕，咸使聞知。(《魏書‧世祖紀上》)

皇帝表示，在戰事告一段落後，國家亟需治理人才，所以要州郡幫忙舉薦。皇帝很清楚真正的人才需要時間培養，有其品德與志氣上的特性，要召用這樣的人才，當然一定要待之以禮。然而本該負責此事的刺史、守宰卻在舉才過程中沒有遵守這樣的原則，反而得罪了這些人才。所以皇帝要求守宰只需傳達皇帝虛心求才的心意，而將推舉人才這件事交給「鄉閭」，徹底尊重地方的意見。實質上，就是要將朝廷的人事晉用權力從官僚體系的刺史、守宰手中拿走，交由各地門第大姓來決定。

崔浩的門第觀念很重，重到他不只要分辨世族和寒門，還要在世族之間更進一步劃分講究。例如，北魏的「安西將軍」李順是個有戰功的漢人，在朝廷中地位很高。崔浩的弟弟娶了李順的妹妹，崔浩的侄子又娶了李順的女兒，兩家的聯姻關係很密切，然而在崔浩心中，卻始終認定這樣的關係是看皇帝的面子才建立起來的。他始終抱持對李順的輕視態度，理由無他，李順家族不能算是大姓，在世族中分量不夠。

崔浩替北魏政權拉攏了北方世族大姓，這的確是讓北魏能和之前其他的北方政權有所區隔的關鍵。在太武帝朝被徵召入仕的高允，歷仕五朝，到了獻文帝朝時作了一篇〈徵士頌〉，羅列、感懷過去與他同徵共事之人。這篇〈徵士頌〉一共列了三十四人，他們的排名順序，先是范陽盧玄、博陵崔綽，接下來是廣寧的燕崇、常陟，勃海的高毗、李欽，博陵許堪，京兆的杜銓、韋閬，然後還有趙郡、太原、中山、常山、西河、燕郡、河間、雁門、廣平、長樂、上谷……〈徵士頌〉裡的人名是按照地方郡望排列的，展現的就是崔浩「齊整人倫，分明姓族」的成效，郡望高下理所當然地成為朝廷選用人才的標準。

08 攻打涼州背後的政治路線之爭

崔浩的態度存在著一個根本問題：看待漢人時如此講究郡望、姓族高下差異的崔浩，又如何看待跟隨拓跋氏進入中原的鮮卑貴族呢？

《魏書．陸俟傳》裡有一段記錄，出身鮮卑世家的陸叡（陸俟之孫），承襲父親的爵位，被封為撫軍大將軍、平原王，可說是身分顯赫。他娶了徐州刺史崔鑒的女兒，不過這樁婚姻的關鍵顯然不在崔鑒的官位，而在他出身「博陵崔家」。談起這樁婚事，崔鑒對親戚感嘆說，這女婿的人才和品格都不錯，但就是討厭「其姓名殊為重複」。

原來成親時，陸叡還不叫陸叡，用的是原來的鮮卑名，叫做「伏鹿姑賀鹿渾」。崔鑒那是含蓄、客氣的說法，說「但就是討厭他的名字那麼囉嗦」，其實真正要表達的，畢竟還是看不起鮮卑人的態度。

藉由崔浩的努力，北方大族紛紛進入北魏朝廷，發揮了穩定北方的作用。然而世族大姓在朝廷上那麼有影響力，必定使得出身寒門的人很不舒服。同樣不舒服的，應該還有也感受到被歧視、被輕視的鮮卑貴族吧！

崔玄伯、崔浩父子一方面盡心服務拓跋氏政權，另一方面對於拓跋氏以外的鮮卑貴族，又帶著本於漢族大姓而來的區別和歧視眼光。這樣的情況長期發展，肯定會出問題。

北魏平定了北方大部分地區之後，崔浩建議拓跋燾應該出兵攻打涼州。他的動機主要不是為了擴張北魏的領土，而是因為涼州是永嘉之禍後中原世族大姓的避居之所。崔浩要將避難到涼州的這些姓族拉攏進來，等於是他「齊整人倫，分明姓族」政策中的一環。

《魏書．世祖紀下》記載：

初，世祖之伐河西也，李順等咸言姑臧無水草，不可行師。恭宗有疑色。及車駕至姑臧，乃詔恭宗曰：「姑臧城東西門外湧泉合於城北，其大如河。自餘溝渠流入澤中，其間乃無燥地。澤草茂盛，可供大軍數年。人之多言，亦可惡也。故有此敕，以釋汝疑。」

拓跋燾打算攻打涼州，李順帶頭表示反對，理由是姑臧（即涼州）環境太差，無法提供部隊所需，而當時的太子拓跋晃（後追尊廟號恭宗）也表達了同樣的疑問。拓跋燾到了姑臧，就下詔指責太子，明白地說：「你看，這裡東邊有泉、西邊也有泉，兩股水流在城北匯流，構成一條河，附近水草植物極為茂盛，足足可以供大軍幾年之用。那些提反對意見的人，真的很討厭。因為看你也在懷疑這次行動，覺得他們說的有道理，所以特別下這道敕書讓你明白。」

這件事的背景，其實是李順這批「多言之人」此時聚攏在太子身邊，形成了一股勢力。這股勢力最大的特色，就在於反對崔浩推行的世族大姓政治路線。

《魏書．李順傳》也記錄了這件事：

五年，議征涼州，順議以涼州乏水草，不宜遠征。與崔浩庭諍。浩固執以為宜征。世祖從浩議。及至姑臧，甚豐水草。世祖與恭宗書以言其事，頗銜順。……涼土既平，詔順差次群臣，賜以爵位。順頗受納，品第不平。涼州人徐桀發其事。浩又毀之，云：「順昔受牧犍父子重賂，每言涼州無水草，不可行師。及陛下至姑臧，水草豐足。其詐如此，幾誤國事。不忠若是，反言臣讒之於陛下。」世祖大怒，真君三年遂刑順於城西。

其時為太武帝太延五年（西元四三九年），為了攻打涼州的事，李順在皇帝面前和崔浩發生衝突、吵了起來，崔浩堅持應該出兵，皇帝也站在崔浩這邊。出兵之後，看到姑臧的水草條件，皇帝就降書指責太子，對李順很不以為然。涼州打下來之後，皇帝將處理北涼朝廷原有群臣的工作交付給李順，李順收受賄賂，沒有公平安排。後來被涼州人徐桀告發，崔浩就趁機把李順反對攻涼州的事重提一遍，導致李順被殺。

《魏書．崔浩傳》中直接說「浩構害李順」，顯然崔浩完全沒有顧及和李順家族的姻親關係，果斷害死了李順。因為在崔浩心中，遠比姻親關係更重要的，是世族與寒門之間的地位之別，還有立場之分。

09 具備鮮卑特色的農業社會為何無法實現？

另一個和崔浩起衝突的大臣，也是出身「細族」的劉潔。崔浩和劉潔的衝突也很具代表性。

《魏書．劉潔傳》中說：

潔朝夕在樞密，深見委任，性既剛直，恃寵自專。世祖心稍不平。時議伐蠕蠕，潔意不欲，言於世祖曰：「虜非有邑居，遷徙無常，前來出軍，無所擒獲，不如廣農積穀，以待其來。」群臣皆從其議。世祖決行，乃問於崔浩，浩固言可伐。世祖從浩議。既出，與諸將期會鹿

> 渾谷。而潔恨其計不用，欲沮諸將，乃矯詔更期，故諸將不至。時虜眾大亂，恭宗欲擊之，潔執不可，……停鹿渾谷六日，諸將猶不進。賊已遠遁，追至石水，不及而還。師次漢中，糧盡，士卒多死。潔陰使人驚軍，勸世祖棄軍輕還，世祖不從。潔以軍行無功，奏歸罪於崔浩。世祖曰：「諸將後期，及賊不擊，罪在諸將，豈在於浩？」浩又言潔矯詔，事遂發。輿駕至五原，收潔幽之。

劉潔在北魏朝中頗受倚重，當時朝廷討論一件大事，就是要不要征伐「蠕蠕」，也就是後來稱為「柔然」的這支北方游牧民族。鮮卑拓跋氏進入中原後，「蠕蠕」便在他們的舊居地附近興起。從對於柔然的稱呼就看得出來，拓跋氏的漢化程度已然到了跟隨著漢人習慣，將非我族類的外族就用加了「虫」部的字來命名。

劉潔明白表示反對攻打「蠕蠕」，因為「蠕蠕」是「虜」，是居無定所的游牧部落，與其出兵攻打他們，不如在定點上守衛準備，等他們來犯時再予以攻滅。當時劉潔是皇帝面前的紅人，大家都附和他的意見。

但有一個人在皇帝面前比劉潔更具影響力，那當然就是崔浩。皇帝本來聽取劉潔的意見，不打算出兵了，但還是要問一問崔浩。崔浩卻認為可以打、應該打。於是皇帝改變了心意，接受崔浩的建議，決定出兵。

面對這樣的事態發展，劉潔心中大為不滿，尤其無論如何絕對不希望出兵的結果又給崔浩帶來功勞。於是劉潔就在軍事行動中搞鬼。北魏出兵後，本來約好各路大軍在鹿渾谷會師，劉潔卻假造命令，讓各路人馬無法同時到達鹿渾谷。交戰中遇到好的機會，劉潔也阻止太子出兵進攻，最後導致北魏大軍陷在沙漠裡，因為沒有後援糧草而遭受重大損失。劉潔又暗中派人擾亂軍隊，就是想要讓皇帝放棄這次的行動，證明崔浩的意見是錯的，讓皇帝怪罪崔浩。

但世祖拓跋燾卻還是站在崔浩這邊，說戰事失利不是崔浩的錯，是諸將該到卻未到。崔浩知道劉潔要鬥他，就反過來揭發劉潔假造命令的事。因為這件事加上圖謀擁立樂平王，劉潔和同夥的幾位大臣都遭到「夷三族」的嚴厲懲罰，百餘人死於此案。

和崔浩發生如此嚴重衝突的李順、劉潔，都不是世族大姓，而且他們都和太子關係密切，這樣的身分關係造成的緊張情勢，顯然不是偶然。

從拓跋珪時代開始，北魏和柔然就發生多次的軍事衝突，於是拓跋氏政權做了兩項重要的決定，一是「設六鎮」，另一則是「築長城」。前者是為了保護自己原本的發源地，卻對北魏後來的歷史發展產生了深遠的影響。

奇怪的是後者。北魏進行了大規模動員，前後修築了兩千餘里的長城，部分遺跡留存至今，是長城遺跡中最古老的。修築長城這件事，代表拓跋氏的角色已經徹底翻轉，從原本居於北方要打進農業地區的草原民族，變成在南方農業地區以長城防堵草原民族的政權。

這也就意味著，拓跋氏已經倒向農業這一邊，轉化為一個以農業生產為經濟基礎的社會。於是他們看待柔然，就改換成原本漢人看待北方草原民族的眼光，視之為劫掠的威脅，也就承襲漢人的方法，選擇修築長城予以阻擋。

他們學會了建蓋城牆，不只興建了平城，之後還修建了更雄偉的洛陽城。不過，在下層經濟結構轉化為農業的同時，上層結構並不必然就能順理成章地相應改變，人們的思想意識和生活習慣，仍然保留了許多過去的成分，上下之間存在著一定程度的不協調。

崔浩在這樣的過渡時期發揮了特殊的作用。他在北魏朝廷取得了極大的權力，用來推動「分明姓族」的政治理想，而這些姓族正是傳統漢人文化在北方最重要的保存者。在崔浩的堅持與影響下，北魏在農業化的過程中，失去了實驗、發展「具備鮮卑特色的農業社會」的機會，而是向既有的漢文化一面倒，將「農業」下層結構和「漢化」上層結構牢牢地聯繫起來。

拓跋氏曾經兩度嘗試發明自己的文字。第一次發明了一千多字，第二次甚至還編寫了字典，據說收錄高達四萬字。但僅止於「據說」，因為這些鮮卑文字都沒有存留下來。也就是說，鮮卑人本來有企圖、也有可能創造自身新型態的農業文明，不必然一定要走漢化的道路，更遑論走得那麼急、那麼遠。他們的漢化過程，很大程度是受到崔浩的帶領。

10 國史之獄：北方世族的一大挫敗

在崔浩的堅持下，北魏順利地打下涼州。對「分明姓族」政策沒那麼支持的李順被殺，更重要的，原本避居涼州的北方大姓世族又集體進入北魏朝廷，進一步提高了崔浩的地位。

這一連串的變化，必然使得和李順一樣出身寒門的人備感威脅。除此之外，朝廷裡另一群人也愈來愈坐立難安，那就是鮮卑貴族。

世祖拓跋燾重用崔浩，一部分原因是早在父親太宗拓跋嗣在位時，崔浩就建議立拓跋燾為太子並就任「監國」，也就是提早賦予太子權力，讓他學習如何治國。拓跋燾當監國時，旁邊有六位輔政大臣，[13]其中五人是鮮卑貴族，只有一位是漢人。那唯一的漢人輔政大臣就是崔浩。

等到世祖拓跋燾立了太子拓跋晃（後諡為景穆太子），很自然地就襲用原來的制度，讓太子在監國的位子上提前進行權力實習。有前朝案例可循，崔浩當然沒有理由反對這樣的做法。不過，此時崔浩在北魏朝廷的實質權力已到達頂點，而太子就任監國，意味著在皇帝之下同時存在兩個皇帝權力的代理人，這兩人之間很難不起衝突。

衝突的基本結構，必然環繞著崔浩「分明姓族」的政治路線。於是不屬於崔浩要提拔的「姓族」中的勢力，包括漢人寒門及鮮卑貴族，他們就齊聚在太子身邊，藉著共同敵人的因素而團結起來。

崔浩和太子之間的政治鬥爭，具現在「國史之獄」事件裡。「國史之獄」究竟是怎麼回事？《魏書》並未記錄明白，因而留下兩種說法。依照唐朝劉知幾在《史通》中的說法，是崔浩奉命整理拓跋氏的「國史」，在國史中記載拓跋氏為漢武帝時投降匈奴的名將李陵的後裔。也就是說，拓跋氏其實不是鮮卑人，而是漢人，所以才能建立如此功業。

另一個說法源自《魏書》，書中形容崔浩修的國史「盡述國事，備而不典」（《魏書・崔浩傳》）。八個字中，既說「盡」，又說「備」，因而出問題的應該就在於崔浩說得太多、太詳細了。「備而不典」，意味著沒有以應有的莊重態度選擇寫入「國史」的材料，也就是沒有替拓跋氏的前人避諱，寫進許多亂七八糟的事情。這也反應出崔浩內心潛藏的對鮮卑「蠻族」根深柢固的鄙視。

不論崔浩在國史中真的寫了什麼，關鍵在於這件事不過是導火線，提供了反對崔浩的太子集團一個把柄、藉口，於是逮住機會發動大案，要將崔浩除之而後快。

「國史之獄」導致崔浩被殺，清河崔氏、范陽盧氏、太原郭氏、河東柳氏這幾個大姓都受到

13 《資治通鑑・宋紀二》：「帝從之，立太平王燾為皇太子，使之居正殿臨朝，為國副主。以長孫嵩及山陽公奚斤、北新公安同為左輔，坐東廂，西面；崔浩與太尉穆觀、散騎常侍代人丘堆為右弼，坐西廂，東面。」

牽連打擊。對於北方世族在北魏的勢力來說，當然是一大挫敗。然而即使經歷崔浩被殺這麼大的鬥爭挫敗，到這個時候，都已經沒有任何勢力足以逆轉崔浩在北魏所建立的漢化基礎及方向了。

11 理解崔浩，才能理解北魏政權的特色

北魏的下層結構已經農業化，上層結構也在崔浩的作用下明確地走向漢化，兩者彼此配合，很難再回頭了。於是接下來必須處理的問題，是漢人和鮮卑人實際上如何共存、如何相處。這個問題一直困擾著北魏朝廷，直到崔浩死後四十多年，孝文帝拓跋宏決定遷都洛陽（西元四九四年），予以徹底解決。

遷都是件大事。北魏皇帝要從平城遷居到洛陽，必然引來部分鮮卑貴族的強烈反對。於是孝文帝做了個姿態，表示要效法百年前苻堅的野心，出兵攻打南朝。南行途中，經過傳說中的「比干墓」，孝文帝鄭重其事地追弔了這位商紂時的忠心大臣，留下了一篇〈皇帝弔殷比干文〉，刻在石碑上。

這塊「弔比干碑」很重要，不是因為比干在北魏歷史上有什麼特殊意義，甚至也不是孝文帝

祭弔比干有什麼特殊象徵性，而是「弔比干碑」上羅列記錄了當時隨孝文帝南下的重要大臣。要知道，此時孝文帝宣稱的目的不是要建都洛陽，而是要攻打南朝。「弔比干碑」上記錄的隨祭者一共有八十二人，其中能夠確認身分來歷的，中原世族占了四十人，「帝室十姓」（和拓跋氏關係密切的十個姓）占了二十人，近支宗室成員占了十二人，還有十人是功勳。

也就是說，即使在崔浩被殺後四十多年，圍繞在北魏皇帝身邊的，主要還是北方漢人世族。他們隨孝文帝南下興建洛陽新都，影響並協助孝文帝進行全面的漢化改革。這樣的做法最終導致北魏分裂，先分裂為東魏和西魏，後來又脫化為北齊和北周。這些變化都源自拓跋氏和北方世族的合作。

理解崔浩，我們才能理解北魏政權的特色，也才能探索隋唐制度的淵源。隋唐制度怎麼來的？很大一部分是從北方世族大姓與草原民族的長久互動、反覆磨合，最終奠定了北魏的制度根基，從而決定了繼承北周的隋、唐會成為什麼樣的朝代，建立一個什麼樣的帝國。

第十講

北魏的變革與瓦解

01 均田令改變了外族政權對待漢人的態度

隋、唐是中國出現的第二個擁有完整帝國體制的王朝，而這套帝國體制之所以完備，是因為經歷了北朝，尤其是北魏時期的準備與累積。

鮮卑拓跋氏進入中原之後，其下層經濟系統快速地朝農業偏斜，然而上層組織還需要更多一點時間，才能與下層結構相配合。而促使北魏經濟系統農業化的關鍵歷史事件，首推孝文帝於太和九年（西元四八五年）頒布的「均田令」。

鮮卑拓跋氏先在塞下盤據了百年，有了屯田的經驗，又曾經被苻堅強迫定居，從事農業生產，由此累積了相當的經驗。然而即使擁有農業經驗，進入中原後，他們仍然不知道該如何統治從事農業生產的漢人，因為他們不了解漢人的社會組織與集體生活型態。

史書上記載，拓跋氏剛進入中原時，一如其他外族，都是徵用漢人幫忙打仗。一個普遍的說法叫做「驅夏人為肉籬」（語出《通典．邊防十六》），也就是拿漢人當作戰場上的防禦消耗品來運用。他們所理解漢人的作用，不過就是打仗時在前面組成「肉籬笆」來阻擋敵軍。換句話說，他們擅長運用的，是去送死的漢人；他們不會駕馭的，是真正活著、要繼續活下去的漢人。

「均田令」之所以意義深遠，是因為這項政策徹底改變了外族政權對待漢人的根本態度，要將漢人有組織地運用在農業生產上。我們掌握的史料，不足以完整重建為何在孝文帝拓跋宏的朝廷裡能夠制定出這樣一個具備驚人遠見的政策，不過光是看政策本身的內容，就能明白這背後需要很多成熟的條件加以配合。

首先，這個朝廷必須對農業生產型態有深入的認識。其次，這個朝廷必須對漢人原有的生產與社會組織連結有相當程度的理解。再者，這個朝廷也必須對當時現實的土地情況有確切的掌握。

「均田令」的內容極其簡單，就是「按口授田」，只要在朝廷管轄範圍內的人民，都有資格獲得土地。年滿十五歲以上的男性，授予「露田」四十畝、「桑田」二十畝；女性則可獲得「露田」二十畝，沒有「桑田」。「露田」給予的是使用權，人如果死了，田就要還給國家；「桑田」則是「永業田」，個人可以保留，也可以買賣。

人民從朝廷那裡得到授田，就有相對的義務，有以生產所得實物支付的出賦，有以布疋形式支付的「戶調」，還有以免費勞動力償付的力役之徵。

02 寬、狹鄉的彈性，避開土地重新分配

表面上條文很簡單的政策，其背後的思考可能很複雜，因為這項政策要應對的狀況和問題很複雜。

拓跋氏政權能夠施行「按口授田」，靠的是北方地廣人稀的基本條件，而這項條件在一定程度上是拓跋氏進入中原後誤打誤撞創造出來的。拓跋氏為了要維繫其草原性格的高度機動，占據了很多原來的農業土地，將之當作游獵之地，供他們繼續跑馬。更往前看，當然是從漢末以來的長期戰爭動亂，使得北方人口大量死去或遷徙離開。還有一個因素是，那些在戰亂中沒有離開的人，大部分選擇以塢堡自守，於是在塢堡與塢堡之間就出現了很多荒地。

要有很多荒地，才有可能授田。「均田令」背後有著細密的思考，那不是「土改」，不是將有土地之人的土地沒收，再分給沒有土地的人。「均田令」不涉及土地所有權的重新分配，這也是這項政策能夠落實執行的關鍵。

從中國歷史上可以看得很清楚，土地關係一直都是最麻煩、最棘手、最難處理的問題。很少有政權能夠經得起土地所有權重新分配所帶來的巨大衝擊。雖然傳統觀念中認定「溥天之下，莫非王土」，建立了土地國有的普遍意識形態，但這僅止於名義上的承認。一旦牽涉到土地利用，

朝廷在現實上的介入是有限的。像王莽那樣激烈地伸張「王田」的終極權利，用朝廷的力量進行「限田」，即便在西漢末年土地兼併如此嚴重的時代，仍然很難推動，反而激發出強大的反抗浪潮，終究使得新朝難以繼續存在。

「均田令」小心避開了土地重新分配的問題，而且在具體執行上並不像條文寫的那麼僵硬，而是開放了許多現地考量。

最簡單的有「寬鄉」和「狹鄉」之分，顧名思義，人少地多的是「寬」，地少人多的則是「狹」。「寬鄉」之所以「寬」，往往是因為農業條件不好，所以願意居住在這種地方的人，授田時就能得到較多的土地。有的時候甚至可以有雙倍或三倍的面積，讓獲得土地的農戶可以依照當地的生產條件所需，進行休耕輪種。

「狹鄉」則相反，無須那麼多土地就能進行足夠的生產，又沒有那麼多荒地可供分配，於是要嘛只授「露田」不授「桑田」，或者授予的「露田」不足畝數。

授田的做法，雖然不影響世族大地主原本控有的土地，但還是對他們的財產和勢力造成威脅，必然引來反對。朝廷提供每個人可耕種的土地，對原本屬於世家大姓的部曲、佃客來說，這種條件會誘使他們脫離既有的身分，去向朝廷領取授田，成為朝廷的編戶齊民，而不再是世家大姓的私屬勞動力。

對此，「均田令」特別設計了「奴婢授田」的辦法。那就是屬於奴婢身分、不是自由民的人，也可以獲得授田，但只有「露田」，沒有永業的「桑田」。不自由的奴婢當然不可能自己控制土地，於是這些土地就交到主人手裡，這明顯是朝廷對世家豪族的補償，讓他們在損失部分佃客的同時，藉由「奴婢授田」多得些土地。如此一來，也減輕了世族對「均田令」的反對。

03 與均田配套的三長制、新租調制

若單純只是授田，仍無法形成能夠有效運作的制度，還要有其他配套才行。有兩項配套措施在太和十年落實。一是「立三長」，即設立黨長、里長、鄰長，以五戶為一鄰，二十五戶為一里，一百二十五戶為一黨。「三長制」真正的重點是以土地為基礎重建社群，並建立社群的管理機制。鄰長、里長、黨長由下而上，主要的工作是「校比戶籍」，也就是在多年混亂之後，朝廷試圖要再度掌握戶籍資料。如果缺乏這些資料，沒有社群組織和管理機制，「均田」很快就會瓦解。

另一項配套措施是「新租調制」，也就是大幅降低「租調」的徵收。依照原先的「租調」，一戶人家大約要負擔絹二匹、粟二十擔；而新規定將「租調」降低為一夫一婦繳納絹一匹、粟二擔。也就是說，得到國家授田的家戶對於朝廷的義務減輕了，這就讓許多原本依附在大地主家的

農戶，有了更強的動機出來接受授田。

租調制原來還有一個稱為「九品混通」的原則，好比規定的絹二匹只是個「中數」，實質上並不是所有的農戶都一定繳交兩匹絹。也就是依照「九品」對農戶等級進行劃分，訂定了「中中」這一等級應繳的標準，其他等級則「依二丈次等」，也就是說，「中上」要繳二匹二丈、「上下」要繳三匹（一匹等於四丈）……；相對地，「中下」繳一匹二丈、「下上」只需繳一匹……

從授田到規定農戶負擔，「均田」有很細膩的設計。「均田令」甫頒布時（西元四八五年），北魏朝廷能夠徵收到「租調」的只有不到兩百萬戶，然而到了西元五二〇年，也就是政策施行三十五年後，朝廷掌握的戶數大幅增加到五百多萬戶。這並不是人口的自然成長造成的，而是授田的做法有效地將過去屬於大地主家的農戶，從國家看不到、管不到的地方誘引出來的結果。

這是「均田」最大的作用，它為國家增加了可以直接掌握的農戶數，對於土地制度和經濟生產也有了決定性的影響。三十多年間，自耕小農呈倍數成長，他們對國家的貢獻也大幅提升，由量變而質變，重新決定了北魏的國家結構。

最基本、最簡單的改變是，本來北魏朝廷只利用漢人在打仗時做「肉籬」，現在他們明瞭：活著的漢人、可以一直活下去的漢人才是最有用的。五百多萬戶的自耕小農成為國家仰賴的財政骨幹，於是北魏的國力愈來愈依賴農業生產，也愈來愈依賴從事農業生產的漢人小農。

04 孝文帝遷都洛陽的層層考量

太和九年頒布「均田令」，太和十年訂定三長制和新租調制，只花了四、五年時間，均田制基本上就確立了。此時，孝文帝有了餘裕可以進行下一步作為，而這項重大決策就是遷都。

北魏原來的國都在平城，也就是代京，是遠從戰國時代就存在的名城，位於草原與農耕的分界點上。太和十八年（西元四九四年），孝文帝拓跋宏將國都遷離平城，換到洛陽。遷都當然是大事，不可能基於單純一個原因，肯定有多方考慮。不過值得特別強調的是，遷都和「均田令」這兩項舉措，對於北魏的國家結構產生的影響是聯繫在一起的，說明北魏對中原農業的依賴程度愈來愈高。

除此之外，遷都的另一個考量是軍事上的因素。拓跋氏南遷之後，柔然在北方草原崛起，幾次征伐後，拓跋氏轉而訴諸修築長城的被動防禦，但愈是被動，柔然就愈是坐大強悍，也就必然威脅到平城的安全。以相對於柔然的地理位置來看，平城顯然過於偏北。

還有一個同樣不容忽視的經濟因素。定都平城之後，很多人以各種不同理由來到平城，居住在平城和周圍的地區。然而平城附近的地理環境卻無法負擔一座城市如此的膨脹成長，到了孝文帝即位前，平城就出現過好幾次糧荒的記錄。

為什麼頻頻出現糧荒？因為都城人口增加了，過去足以提供平城使用的糧食產量，現在變得不夠了。尤其在心理上，相較於南方地區，北方無論在農業生產條件或居住條件上，都讓人愈來愈覺得荒涼。《魏書．祖瑩傳》中記錄了一首當時人們傳唱的歌，叫做〈悲平城〉：「悲平城，驅馬入雲中，陰山常晦雪，荒松無罷風。」這哪像是在描述一座都城、一個政權的中心所在地呢？

剛從草原進來時，平城對拓跋氏來說是個好地方。然而隨著拓跋氏的勢力往南擴張，相較於南方的景色和南方所能提供的條件，平城及其周圍的北方環境，就愈看愈顯得荒涼。一方面是因為人口增加；而另一方面，都城百姓對生活的期待和要求也提高了，這就使得平城的經營愈來愈困難。

到了孝文帝時，朝廷每年都必須耗費人力物力，用牛車將糧食及其他物資從南方運送上來，這樣的安排讓政府的負擔愈來愈重，當然也給孝文帝帶來很大的刺激，不得不認真思考往南遷都的事。

不過，遷都洛陽除了軍事和經濟的考量之外，當然還有文化的因素。文化因素的影響清楚體現在孝文帝最早選擇的遷都之處，不是洛陽，而是以前曹魏一度定都的鄴城（今河北臨漳）。鄴的位置比洛陽更北，而且周圍的農業生產狀況也比洛陽好。從東漢靈帝朝以降，洛陽經歷了反覆的戰亂破壞，經濟很難恢復。換句話說，單純從軍事和經濟角度看，鄴具備了比洛陽更好的都城條件。

然而鄴城建設到一半，孝文帝還是放棄了鄴，改選洛陽。促成如此改變的主要力量，是觀念上和文化上的。拓跋宏此時的自我想像，不再是鮮卑拓跋氏的族長，而是中國皇帝。他有了皇帝的自我認知，也有了要統治整個北方的野心。

05 從正音到改姓，漢化徹底改造種族認同

孝文帝拓跋宏長時間與漢人接觸，逐漸感染了漢人的統治觀念，了解到「名」在漢人政治權力運用中的重要性。例如，後來在大幅漢化的政策中，有一項是「禁胡語」，也就是不准在朝廷上講鮮卑話。這項政策實際的條文規定是只能說「正音」，「正音」就是漢人的語言，只有漢語才是「正」的。這就從「名」上排除了漢語及鮮卑語的對等性，不是在兩種同樣通用的語言中選擇這個、排除那個，而是這兩種語言本質上一個是「正」、一個不是，所以要從偏斜的狀態回歸到「正」。

「名不正則言不順」，依循著漢人的這種政治邏輯，拓跋宏自然一心一意想進入曾經有很多皇帝居住過的洛陽，從「名」上賦予自己當中國皇帝的位階。他知道他的鮮卑族人中會有很多人

反對不斷南進、南遷的做法，因而使出了一些手段。他帶領軍隊南征，卻反向操作，故意讓隨他南征的人感覺這趟軍事歷程充滿艱險，同時將領們又過度狂傲自信，以為光憑這麼一點點軍隊就可以打贏南朝。於是他們開始猶豫、擔心，勸諫拓跋宏不要繼續往南走。拓跋宏便假意勉為其難地暫停下來，停在哪裡？就停在洛陽。

因為是南征過程中的停留，要保有南征的面子，大軍就不能一事無成又掉頭回平城去，那正好就待在洛陽吧。

拓跋宏十分明白待在北方的平城要受到鮮卑人強大的傳統權力結構牽制，也明白敲鑼打鼓遷都洛陽會引來多麼強烈的反對阻力，因而他一方面建設鄴城，一方面將人馬帶離平城，用這種方式塑造了遷都洛陽的有利條件。

遷都洛陽之後，拓跋宏的政治方向極為明確，手段也極為激烈。他要的就是將鮮卑人快速漢化，以鞏固與新統治區域內漢人的關係，進一步有效地統治這個龐大的漢人社會。

推行漢化的做法包括在朝廷裡只能講「正音」，也包括改服裝，即「禁胡服」。「禁胡服」禁的不只是鮮卑的傳統服裝，還有漢族以外其他各族的服裝，都不能出現在朝廷上。從視覺到聽覺，北魏的朝廷要有漢文化的一致顯現。

然後是改姓，而且是從拓跋宏自己的姓開始改起。改姓和改語言是聯繫在一起的，主要原因就在於複音的「胡姓」太明顯，一貫是漢人用來辨識、歧視胡人的重要依據，如果不改姓，鮮卑人不可能得到漢人大姓對等的尊重。

太和二十年（西元四九六年），孝文帝的詔書說：

北人謂土為拓，後為跋。魏之先出於黃帝，以土德王，故為拓跋氏。夫土者，黃中之色，萬物之元也；宜改姓元氏。諸功臣舊族自代來者，姓或重複，皆改之。（《資治通鑑．齊紀六》）

詔書中硬解原本從胡語發音翻譯過來的「拓跋」這個姓，說「拓」是「土」的意思，「跋」是「後」的意思，表示拓跋氏屬於「土」德，是同屬土德的黃帝之「後」，所以得了「拓跋」這個姓。現在拓跋氏改姓，就依循這個來歷，「土」是「萬物之元」，一切生命源自於「土」，所以改姓為「元」，拓跋宏成為「元宏」，拓跋魏也就轉化成「元魏」。

然後詔書中明白要求，「姓或重複，皆改之」，指的不是姓氏重複，而是指非單姓。只要姓裡超過一個字，一看就不符合漢姓一般只有一個字的慣例，就必須改掉。於是拔拔氏改為長孫氏、達奚氏改為奚氏、丘穆陵氏改為穆氏、步六孤氏改為陸氏、勿忸于氏改為于氏等等。

詔書用「北人」的說法確證「拓跋」的來歷，也就是自己鮮卑族的由來，刻意製造了距離感；而且詔書宣稱「魏之先」是「黃帝之後」，等於認了黃帝為鮮卑人的祖先，這是徹底改造部落結構乃至種族認同的激烈做法。

06 改官制、立宗廟，以及太子的反抗

改語言、改服裝、改姓，接下來相對比較簡單的是改官制，也就是援引西晉的官制表，將北魏所有的官名都漢化。然後下一步是訂定《魏律》（為了與曹魏制定的《魏律》區別，又稱為《後魏律》或《北魏律》），重點在於從刑罰上革除了草原民族的傳統習慣。《魏律》對《唐律》有很大的影響，是唐朝律法的前驅，也是後來隋唐帝國承襲自北朝的另一項重要元素。

孝文帝元宏的漢化改革改到最骨子裡的，應當要屬「宗廟郊祭」，因為這牽涉到祖先是誰，以及如何祭拜祖先的大問題。鮮卑族每年最重要的祭典是「西郊祀天」，這顯然是古代中國東北民族的傳統文化。依照人類學和民族誌的記錄，一直到現代，西伯利亞東部地區都還保留了非常濃厚的薩滿教傳統。薩滿教的核心思想，就是在我們生活的現實世界以外，存在著另一個神靈的世界，而且可以透過「薩滿」或靈巫的超越能力往來溝通這兩個世界。「薩滿」或靈巫就是兩個世界間的使者。

同樣來自東北的鮮卑拓跋部落，原本「西郊祀天」的主角就是靈巫，巫在拓跋氏的傳統社會中地位很高，角色也很重要。然而漢化改革中，孝文帝毫不客氣地廢止了「西郊祀天」，意味著連部落的精神和信仰基礎都放棄了，取而代之的是中原漢文化裡的「宗廟」。孝文帝將拓跋珪奉

為開國之主，以拓跋珪為首，排出北魏政權的「太廟」。

如此激烈的改革做法，當然會讓許多人不習慣、不愉快，這應該在孝文帝元宏的預料提防之中。不過讓他意外的是，反對漢化的陣營中，其中一個關鍵人物竟然是他的兒子，是他自己拔擢、御立的太子元恂。太子元恂反對漢化的態度傳揚出去，很自然地，所有不願接受漢化的貴族勢力，包括穆泰、陸叡等人，就都齊聚到太子身邊，成為一股勢力。

《魏書．孝文五王列傳》中記錄：

恂不好書學，體貌肥大，深忌河洛暑熱，意每追樂北方。中庶子高道悅數苦言致諫，恂甚銜之。高祖幸崧岳，恂留守金墉，於西掖門內與左右謀，欲召牧馬輕騎奔代，手刃道悅於禁中。

元恂不喜歡漢人的生活，也不習慣南方的氣候，總是想回北方恢復原有的部落生活。有一次孝文帝去祭嵩山，這顯然又是依循漢人的政治儀式，要太子留守洛陽，元恂就趁機和身邊的人計畫，先是殺了經常站在漢化立場勸他的高道悅，然後準備帶著人馬奔回平城。

這個舉動的含意顯然沒那麼簡單，太子不只是放棄父親給他的留守任務，而且要到北方舊都另有圖謀。進一步的圖謀立即被阻止了，於是孝文帝下了一道措辭極其嚴厲的詔書，宣布廢黜太子，後來更將元恂賜死。

本質上，這是一場以太子為首的流產政變。元恂失敗之後，穆泰和陸叡還試圖在平城另立皇帝。他們發動政變的理由很簡單、也很清楚，因為從種族立場來看，孝文帝根本已經變成一個「外國人」，而一個不再認同鮮卑拓跋氏的「外國人」不適合領導北魏朝廷。

要到進一步平定了穆泰與陸叡的動亂，拓跋氏族內才有比較穩定的平和秩序。

07 贏得漢人大姓支持，創造鮮卑人的門第

這是漢化改革過程中孝文帝所付出的代價。失去太子、差點連帝位都不保的政治代價，為孝文帝換得了什麼？

首先換來了北方漢人大姓的支持。我們不能小看這項收穫。如果元宏是漢人，憑藉武力在北方建立了政權，能夠統治這些北方的世家大族，這些世家雖然不敢反抗，卻抱持著虛以委蛇的態度，表面配合統治，內心裡卻不可能真正合作。

正因為元宏不是漢人，卻在進入洛陽之後，做了那麼決絕的努力來認同漢人，就使得這些世家感動於他的誠意，對他有了很不一樣的態度。元宏安排自己還有六個弟弟都和北方的大姓世族聯姻，聯姻的對象包括范陽盧氏、清河崔氏、滎陽鄭氏、太原王氏、隴西李氏等等。

這些大姓被元宏選來，讓鮮卑族從生活、文化上的漢化進一步到血統上的漢化。這些大族不只震懾於鮮卑的武力，更重要的是有感於元宏努力爭取漢人認同的做法，於是和北魏皇家通婚聯姻，就不會有什麼排斥抗拒。

其次，在與漢人大姓通婚的同時，元宏還回過頭來以漢人的門第結構，重整鮮卑人的貴族系統。他要求鮮卑人「自定姓族」。自定姓族有兩個層次，比較簡單的層次指的是模仿漢人社會分別出鮮卑人中間的貴冑與寒門，依照姓族的血統關係排列高下。例如陪著拓跋氏一起打天下的，有所謂的「鮮卑八姓」，他們就優先成立姓族。

比較麻煩的層次，則是在未來的人才晉用上都要「以姓族取士」。高官或好位子從此之後只能由姓族的子弟擔任；不在姓族之列或所屬姓族地位低的人，從此之後就只能擔任較差的職務。

這等於是要由上而下，以人為的方式，在短時間內複製漢人從東漢末年經過長期發展才產生的政權與門第之間的關係。舊有的「鮮卑八姓」過去固然已經是貴族，但在鮮卑的傳統制度中，他們和其他家族之間沒有那麼大的距離，原本並不具備大到可以壟斷政治和高官晉用管道的權力。漢人的門第是先發展家族，當家族勢力大到一定程度，在追求自身家族利益的動機下，他們逐漸侵奪朝廷用人的權力，以至於到壟斷、排斥其他人的地步。

從這個歷史淵源對照看，元宏的做法很奇怪，並非出於門第的私心考量才導致擴權結果，而是朝廷自我限縮了「取才」的範圍，規定只能從這幾個姓族中取才。這種做法甚至扭曲、違背了取才的原意——取才的重點不是應該放在「才」上，選拔有才能的人為朝廷所用嗎？但這種制度卻是在考慮「才」之前先考慮出身，只有少數幾個指定的人家裡出來的「才」才算數。

這種辦法和制度很怪，但從歷史上看，它卻對北魏政治產生了正面的效果。最重要的是，從此之後鮮卑人也有了明確的門第，可以和漢人的門第匹配。換句話說，元宏成功地在很短時間內創造出鮮卑人的上層社會，這個社會可以「門當戶對」地和漢人的上層社會交流互動，於是產生了一個藉由階層而跨越種族界線的新團體，作為這個政權最主要的支持力量。

新的門第團體中，有鮮卑人、有漢人，擁有門第的鮮卑人與同屬門第的漢人之間的親密程度，很快就超越了和其他不屬於門第、階層較低的鮮卑人之間的關係。同樣地，門第漢人和寒族漢人的關係，也遠不如門第漢人與門第鮮卑人之間來得緊密。

如此，孝文帝元宏成功地在洛陽創建出一套能夠有效統治漢人的權力運作機制。從史料上看，他敢想像如此巨大且具革命性的政策，其性格必然極度強悍；而他又真能落實推動這樣的變革，顯然他的性格中又有極度細膩的部分。一個人身上兩者兼具，是很少見的領導人特質，這樣的素質使他成為一位耀眼的歷史人物。

不過，若是從政策帶來的結果看，那麼對於孝文帝的評價必然是曖昧的。從北魏王朝的角度看，如果他沒有擬定、推動如此激烈的政策，這個王朝存在的時間應該會長一點。例如，如果遷都到鄴而不是洛陽，如果不要全盤漢化以致在鮮卑族內部造成分裂，對於北魏朝政應該都是比較正面、比較健康的做法。

然而換一個角度，從更長遠的眼光看，他的做法維繫了漢人文化的延續性，大幅減緩了外族入侵對原本漢人社會的衝擊改造，同時在戰亂過後的穩定生產與分配制度上奠定不可或缺的基礎。他分裂了北魏並埋下北魏衰亡的種子，卻大有功於後來的隋唐帝國。

08 「從北方來的地位較低的人」

從軍事和經濟角度考量，原本合理的遷都選擇應該是鄴，而孝文帝為了拉攏漢人，卻繼續往南遷到洛陽。孝文帝的做法一方面有效爭取了漢人世家大族的支持，另一方面卻在軍事上製造出難以解決的麻煩。

麻煩之一是洛陽更靠近南朝所在之處，如此一來，和南朝的關係必定變得很緊張。是否揮軍南下、征服南朝，對北魏而言，從此成為巨大的誘惑，也是難以迴避的問題。不過北魏更大的麻煩不在南方，而在北方。

南遷到洛陽只過了三十年，北方就發生了「六鎮之亂」。「六鎮」分布在今內蒙古一帶，分別是沃野、懷朔、武川、撫冥、柔玄和懷荒這六個鎮。「鎮」是軍事防衛機構，這六鎮是北魏為了防範柔然侵擾而設置的。派駐在六鎮的防衛將領，大部分都是鮮卑貴族，有的甚至來自「鮮卑八姓」。

他們本來在北方擔負著保衛鮮卑根據地的重要任務，然而自從孝文帝遷都洛陽之後，情況卻急遽改變。這些沒有跟著遷往南方的鮮卑貴族，在「分辨姓族」的過程中明顯被遺落、被邊緣化了。一來他們無法參與南方新形成的門第統治集團，二來也利用不到姓族給予他們在人才晉用上的好處，因為他們的子弟都遠在北方邊境，要如何到洛陽當官呢？於是相較之下，同為貴族，他們的貴族身分與地位就快速地貶值。

國都搬到洛陽，戍守北方的這些人必然愈來愈遠離朝廷政治中心，更進一步，他們和去到南方的其他鮮卑貴族也同樣隔閡愈來愈深。這過程中，一來必然在這些北方貴族心中製造出「相對被剝奪感」，覺得自己受到不公平的待遇；二來又必然使得南方貴族有了「相對優越感」，愈來愈覺得和北方貴族不是一個層級的，於是北方貴族又一定會因為感受到南方貴族的歧視而益發憤恨不平。

逐漸地，從南方本位立場出發，南方貴族就將北方貴族都看低了，進而產生了「代來寒人」的說法。「代」泛稱北方，「寒人」來自於「寒門」、「寒族」的社會階層稱號，合起來的意思是「從北方來的地位較低的人」。在南方新門第看來，從北方來的人愈看愈不稱頭，像是鄉下的窮親戚，他們說的是鮮卑話，可能連「正音」都不會說，穿的是鮮卑服，完全錯過以洛陽為中心的時代大變化，徹底落伍了。這種無法和漢人大姓互動，上不了門第階層檯面的人，怎麼還能算是貴族呢？

到後來，只要是北方來的人，在南方鮮卑人眼裡都成了「寒人」，這種差別和歧視顯然給六鎮的人帶來很大的傷害。而且在南方，農業民族的習慣和價值觀念滲入生活的程度也愈來愈深。前面提過，未遷都時就已經到處傳唱〈悲平城〉，等他們進入洛陽之後，這些鮮卑人就更不會想要回復北方那種生活了。

大量吸收漢人法律觀念而形成的《魏律》，更加惡化了這種情況。《魏律》中革除了許多草原民族原有的刑罰方式，改換套用漢人的方式，給予罪犯一種僅次於死刑的嚴重懲罰，就是強迫犯人流徙到北方出戍。犯了大罪的人勉強不死，就放逐到邊境去。於是原來的六鎮附近變成了流放地，充斥著罪犯，這樣又實質上讓六鎮的地位更形降等。

六鎮的情況愈來愈糟，造成的直接後果就是北魏對柔然的防衛力量隨之每況愈下。

09 既反朝廷又反漢人的六鎮之亂

「六鎮之亂」發生在西元五二三年，當時柔然的領袖阿那瓌突然帶領大軍南侵，六鎮完全抵擋不住，於是沃野鎮發生了鮮卑人的內鬨和造反事件。本來應該面向北方防衛柔然的六鎮部隊，在柔然龐大的軍事壓力之下，竟然調轉方向朝南方進軍。

已經許久沒有照顧、經營北方邊境的洛陽朝廷一時之間一片慌亂，倉皇之際定下一個當時朝中認為唯一可行的解圍之計。眼看六鎮兵力不斷南迫，洛陽的朝廷就派人聯絡阿那瓌，請他們從後面追擊六鎮部隊。

北魏原本的邊境防禦安排，這下子徹底顛倒過來。應該防衛柔然的六鎮不抵抗柔然入侵，卻將矛頭對向自己的官員和自己的朝廷；朝廷在阻止不了六鎮叛亂的情況下，又反過來拜託柔然幫忙夾擊六鎮。

這就引發了連鎖反應，造成一團大亂，六鎮民兵走到哪裡，那裡就一片脫序殘破。這些六鎮民兵仇恨、反抗的對象有二：一是遷去洛陽形同背叛他們、不再能讓他們效忠的朝廷；另一個是漢人，就是因為孝文帝親近漢人、推動漢化，才使得他們落到這樣的悲慘田地。

既反朝廷又反漢人，六鎮的勢力南下，就不只和官軍衝突，更沿路找漢人報復，造成河北地區漢人社群的大恐慌、大騷動。六鎮在邊境的待遇太差，因而喪失了和柔然作戰的意志，轉而「就食」於河北，進入河北之後，又逼著受害的漢人必須逃走。他們能逃去哪裡？只能逃到「山東」，也就是太行山以東的地區，然而六鎮民兵尾隨在後，也跟著進入了山東。

這些六鎮民兵漢化及農業化的程度很低，進入河北燒殺劫奪、逼走漢人之後，也無法運用土地進行生產，於是只能隨著逃亡的人也往山東去。本來是一群六鎮民兵往南流竄，後來卻造成了北魏國境大批土地範圍內的人民流離失所。其騷亂規模和破壞程度，已非當時北魏朝廷所能收拾、處理的。

六鎮之亂在時間和空間上都延續甚長、甚廣，可以說北魏後來分裂為東魏、西魏，再變化為北齊、北周，源頭就在六鎮之亂。而六鎮之亂有那麼大的延續性，一部分也因為這時候北魏朝廷陷入了另一重內部動亂之中。六鎮之亂發生時，朝廷正經歷「胡太后之亂」。西元五一五年，孝明帝元詡即位，但因為年幼，由胡太后臨政，掌握了實際大權。到了西元五二八年孝明帝去世，胡太后為了繼續保有權力，竟然將孝明帝的女兒假裝成皇子推上皇位，幾天之後又改立臨洮王的幼子為帝。在宮廷奪權的一片混亂中，胡太后和幼主都被軍事將領爾朱榮殺了。

10 爾朱榮之亂與高歡的崛起

突然登上北魏歷史舞臺攪局的這位爾朱榮，甚至不是鮮卑人，而是契胡。契胡族生活在今山西、陝西一帶，是沒有充分農業化的部族，被北魏征服後受到北魏的羈縻，但仍然擁有龐大的畜牧牲畜群。契胡號稱有八千部落，爾朱榮動員部族勢力，趁北魏內外擾亂時控制了洛陽的政權。因為農業化與漢化的程度較低，爾朱榮進入洛陽，又給洛陽及附近地區帶來災難破壞，更大的問題當然在於爾朱榮控制了洛陽，更不可能應付六鎮之亂所引發的「河北之亂」，河北的騷動又擴大惡化而出現「山東之亂」。

「六鎮之亂」加「胡太后之亂」再加「爾朱榮之亂」，北魏後期的一連串亂局得以收拾，重建一個至少暫時安定的局面，主要依靠兩個人、兩股勢力，就是高歡和宇文泰所帶領的勢力。

傳統上認定高歡在血緣上是漢人，他的祖父因犯罪而流徙北方，和鮮卑人混居，高歡因而有了「賀六渾」這個鮮卑名。不過史書上多有記錄，表明高歡帶有強烈的鮮卑族姓認同，對於別人批評辱罵鮮卑會有強烈的反應。不論他的血統是漢是胡，明確的事實是高歡在六鎮的環境中長大，出身六鎮中的懷朔鎮戶。當時，爾朱榮無法處理流竄的六鎮民兵，就派了從六鎮出身的高歡去帶領部分的六鎮民兵。

六鎮民兵由北而南，一路經歷了許多不同的首領，而高歡不一樣之處，首先是他有明確的六鎮出身背景。其次，他選定了清楚的策略。高歡明白，以原有的方式對待漢人，六鎮民兵所到之處就造成漢人離散流亡，絕對不是什麼好事。所以他立下一道嚴格的戒令，那就是「不得欺漢兒」。

《北齊書．神武帝紀上》記錄高歡所說：

「爾鄉里難制，不見葛榮乎？雖百萬眾，無刑法，終自灰滅。今以吾為主，當與前異，不得欺漢兒，不得犯軍令，生死任吾則可，不爾不能為，取笑天下。」

他對這些民兵的要求只有兩點，一是「不得犯軍令」，另外同等強調的就是「不得欺漢兒」。在這之後，史書中看到的就是高歡如何兩面安撫，對六鎮民兵說，不要殺漢人，不要擾亂漢人，讓他們安居種田，我們才有東西吃；對漢人農戶說，要把糧食拿出來，分給民兵吃，他們吃飽了去幫你們打仗、保護你們，否則你們要如何繼續住在這裡、繼續農業生產呢？

在那樣的歷史環境中，高歡憑藉著難得的能力，創造出民兵和農戶之間對於共同利益的認知與理解。他不只順利地帶領這二十萬戶民兵，而且還穩定了周遭的農家，然後就靠著這二十萬戶的軍事實力建立了雄厚的政治基礎。二十萬戶民兵當然是極為龐大的一股力量，過去沒有人能將這些人有效組織起來，尤其是沒有能力養活這批民兵。高歡成功地找到了這支軍隊和農業生產力量之間的連結。在這樣的基礎上，他接著介入北魏的朝政，扶立了自己選擇的魁儡皇帝。

北魏正式存在的時間大約是一百五十年，但前後卻有十五位皇帝（不算後世追謚和叛亂稱帝的），平均每位皇帝在位時間才十年。若是把後來分裂的東魏、西魏也算進去，就能看到皇帝換得有多麼頻繁了。這反映出朝政的不穩定，而後期的幾位皇帝幾乎都沒有實權，是被放在皇位上的傀儡，當然也就很容易被換下或被推翻。

高歡掌握了北魏朝廷的部分權力，將國都搬遷到鄴，這就是東魏。

11 另一股宇文泰的勢力與北齊、北周對峙

還有一股勢力是西魏的宇文泰。「宇文」這個姓源自鮮卑族中的一個大姓，一度很有勢力，然而在鮮卑慕容氏崛起過程中喪失了獨立的地位，被迫服從、依附於慕容氏。慕容氏大舉進入中原，建立了前燕、後燕，就帶著許多宇文氏族人隨之進入中原。在這過程中，宇文氏逐漸取得了在鮮卑族中的特殊角色與地位，他們具備參與國政的豐富經驗，是朝廷不可或缺的統治助力。

因為有這樣的名聲，拓跋氏建國時也拉攏了宇文氏，他們和其他鮮卑大姓一起駐守六鎮。這樣的背景正是後來北魏分裂為東魏、西魏，再個別建立北齊、北周的重要因素。作為鮮卑傳統貴族的宇文氏，自然看不起以流徙罪人身分去到北方後才加入六鎮的高歡。相較於宇文氏，高家原本的地位確實很低。

宇文泰出身武川鎮。六鎮之亂的過程中，由葛榮帶領一批人往南走，這部分勢力後來轉入了高歡之手；還有一群人卻沒有走，而是留在北方。但他們的遭遇很慘，因為朝廷無法繼續支持他們的生計，就要他們自己遷移到河北「就食」。宇文泰領導的就是這一群其實並不想反叛、仍然維持原有的效忠態度，卻被朝廷命令遷往河北去的人。但進入河北之後，朝廷也沒有安排他們如何就食，沒有現成準備好的生計，所以他們實質上仍然是流民，仍然要跟當地的漢人衝突搶食，

於是本來沒打算要反的，後來也採取了反抗北魏朝廷的立場。

宇文泰帶領的這群人人數較少，但之前沒有和柔然打過仗，後來也沒有和北魏的軍隊打仗，相對而言保存了較大的實力。這批人就是西魏政權的骨幹。

東魏的皇帝本來就是高歡立的魁儡，後來高氏輕易地篡奪政權，建立了北齊。西魏的政權則由元氏（拓跋氏）轉到宇文氏手上，那就是北周。北齊、北周都學習並承繼了北魏基本的統治精神與管理制度。例如，不論掌權者來歷如何，不論靠著什麼手段取得政權，建立朝廷之後一定都費心重整「均田制」，因為這是國家最主要的財源，是國家的命脈所在。

北周另外建立了「府兵制」，以解決北魏遺留下來的軍事問題，後來隋朝能夠由北而南統一中國，唐朝能夠在隋末亂局中脫穎而出，靠的就是「府兵」提供了穩定充裕的兵源。事實上，不只是兵制，還有很多其他面向，隋唐的發展都是建立在從北魏到北齊、北周的這段歷史經驗上的。這正是下一冊所要敘述與分析的關鍵主題。

國家圖書館出版品預行編目（CIP）資料

不一樣的中國史. 6：從世族到外族，華麗虛無的時代-魏晉南北朝 / 楊照作. -- 初版. -- 臺北市：遠流, 2020.08
面； 公分.
ISBN 978-957-32-8845-9(平裝)

1.中國史

610 109009865

不一樣的中國史 ⑥
從世族到外族，華麗虛無的時代——魏晉南北朝

作者 / 楊照

副總編輯 / 鄭祥琳
副主編 / 陳懿文
特約編輯 / 陳錦輝
封面、內頁設計 / 謝佳穎
排版 / 連紫吟、曹任華
行銷企劃 / 舒意雯
出版一部總編輯暨總監 / 王明雪

發行人 / 王榮文
出版發行 / 遠流出版事業股份有限公司
地址 / 104005台北市中山北路一段11號13樓
電話 / (02)2571-0297 傳眞 / (02)2571-0197 郵撥 / 0189456-1
著作權顧問 / 蕭雄淋律師

2020年8月1日 初版一刷
2024年1月30日 初版四刷
定價 / 新臺幣380元 (缺頁或破損的書，請寄回更換)
有著作權・侵害必究 Printed in Taiwan
ISBN 978-957-32-8845-9

遠流博識網
http://www.ylib.com
E-mail: ylib@ylib.com
遠流粉絲團 https://www.facebook.com/ylibfans